SOUVENIRS DE JOURNALISME
ET DE THÉATRE

DU MEME AUTEUR

Poésies :

LES IDYLLES PARISIENNES.

Romans et contes.

PARIS A LA LOUPE. — QUAND L'AMOUR VA, TOUT VA. — LES BELLES ET LES BÊTES. — LA FANGE. — LES RASTAQUOUÈRES. — L'AMOUR A TROIS. — UN CRIME DE PROVINCE. — LA SECONDE NUIT. — UN JOUR D'ANGOISSES. — UN PETIT MÉNAGE. — LA VIE. — L'IDÉE FIXE (en collaboration avec L. de Gramont). — LES HEURES DIFFICILES. — VERS LA BONTÉ. — LUCINDE. — LENDE-MAINS D'AMOUR. — FRANCINE, ACTRICE DE DRAME. — JEAN DE PARIS. — LES VIEUX PÉCHÉS. — LES NIDS D'AIGLES. — L'HIS-TOIRE SINGULIÈRE DE MLLE LEBLANC. — AU SEUIL DU BONHEUR. — TIBERGE. — LA COMÉDIENNE ET LES TROIS INCONNUS. — LA TERREUR. — LETTRES GALANTES DU CHEVALIER DE FAGNES. —

Histoire.

PARIS INTIME EN RÉVOLUTION. — L'HISTOIRE VÉRITABLE DE LA BELLE MME TIQUET. — LES BELLES ÉVASIONS. — VIE, AVENTURES ET INCARNATIONS D'ANTHELME COLLET. — MÉMOIRES D'ANONYMES ET D'INCONNUS. — HISTOIRE DE LA GUERRE PAR LES COMBATTANTS, 4 VOL. (en collaboration avec le commandant M. Gagneur). — LA MARQUISE DE SADE. — LE CRIME DES DEUX COMÉDIENS. — CHRONIQUE PARISIENNE DES SIX DERNIERS MOIS D'EMPIRE (en collaboration avec M. Maurice Quatrelles l'Épine). — LE LIVRE DU SOUVENIR (en collaboration avec Arsène Alexandre). — LES ANCIENS BOULEVARDS.

Histoire théâtrale.

LE MÉLODRAME. — LA FÉERIE. — LE THÉATRE DES ROIS. — MÉMOIRES ET SOUVENIRS DE COMÉDIENNES. — BOCAGE. — MÉMOIRES D'UNE DANSEUSE DE CORDE ((Mme Saqui). — SOUVE-NIRS D'UNE ACTRICE (Louise Fusil). — LA VIE D'UN THÉATRE. — LE THÉATRE ROMANTIQUE. — LE THÉATRE DE LA RUE. — MLLE GOGO (Mlle Bauménard, de la Comédie Française). — CHOSES ET GENS DE THÉATRE.

Art.

LE DIEU BIBELOT. — LES ARTISTES MORTS POUR LA PATRIE (2 vol.).

Voyages.

DE PARIS AU CAP NORD. — DE PARIS A PARIS.

Etudes diverses.

ANTHOLOGIE DU JOURNALISME (2 vol.). — EUGÈNE SUE.

Critique littéraire.

L'ANNÉE LITTÉRAIRE (9 vol.).

Théâtre.

LA 500ᵉ DE LA VIE DE BOHÊME (Ambigu). — CRIME ET CHA-TIMENT (en collaboration avec Hugues Le Roux, Odéon). — DEUX TOURTEREAUX (Théâtre Libre). — JEUNE PREMIER (Théâtre Libre). — LA CINQUANTAINE (Les Escholiers). — FLAGRANT DÉLIT (Gymnase). — CATHERINE DE RUSSIE (en collaboration avec Ch. Samson, Châtelet). — LOUIS XVII, énigme historique (en collaboration avec Ch. Samson, Odéon). — LE FANION (théâtre Antoine). — LA CHARTREUSE DE PARME, d'après Stendhal (Odéon). — BALDOUR (Odéon). — L'ILE LOINTAINE (Œuvre).

PAUL GINISTY

SOUVENIRS DE JOURNALISME ET DE THÉATRE

L·E·F

PARIS
LES ÉDITIONS DE FRANCE
20, Avenue Rapp, 20

A MADAME ·NELLY EXBRAYAT

Hommage respectueusement amical

P. G.

SOUVENIRS DE JOURNALISME ET DE THÉATRE

I

L'HABIT DE M. DE CHATEAUBRIAND

En ma petite enfance, Grenelle, aujourd'hui l'un des quartiers les plus populeux, avec ses usines et tout un monde d'ouvriers, était un coin tranquille de la banlieue immédiate. C'était encore une commune, que l'annexion allait faire administrativement disparaître. L'immense champ de Mars, où manœuvraient les troupes, la séparait, comme par une sorte de désert, de Paris. Grenelle avait alors nombre de maisons de campagne, ou qui en avaient l'aspect.

En dépit de tant d'années écoulées, je revois, à peu près comme elle devait être, celle qu'habitaient mes parents, non par luxe ou par goût, mais parce qu'elle leur offrait plus de commodités pour une nombreuse famille et qu'elle leur avait été léguée par un oncle de ma mère, le docteur de Lagrange qui fut, d'après

ce que j'ai entendu conter de lui, un personnage assez original. C'était un savant, qui avait
cessé de pratiquer la médecine, bien qu'il eût
acquis quelque réputation, pour se donner tout
à ses utopies. Il cherchait, notamment, la solution du problème du mouvement perpétuel, solution qu'il déclarait difficile, mais non impossible. C'est tout ce que l'on considérait
comme une chimère qui le tentait. Après avoir
publié des ouvrages médicaux dont on avait
fait cas, il accumulait manuscrits sur manuscrits dont, en son testament, il avait confié le
soin de l'impression à son ami Béranger. Il
ne semble pas que le chansonnier se soit
acquitté avec beaucoup de hâte de cette mission, et il mourut avant d'avoir accompli ce
désir posthume du docteur.

Vers la fin de sa vie, le docteur de Lagrange,
sans qu'il y eût précisément en lui quelque
dérangement d'esprit, vivait dans un état
constant d'inquiétude. S'il était pressé, il n'arrêtait pas, pour faire ses courses, un fiacre,
mais deux à la fois. C'était au cas où un accident eût retardé le premier : il fût monté aussitôt dans le second qui suivait, à vide, celui-ci.
Le hasard, la dernière fois qu'il sortit en voiture, rendit cette précaution bien inutile : il
mourut subitement dans le fiacre qu'il occupait.

Il avait eu quelque fortune, mais ses inventions, les instruments qu'il faisait fabriquer

à grands frais, des spéculations hasardeuses, l'avaient dissipée... La maison de Grenelle avait été le plus clair de son héritage. Encore n'était-elle pas en parfait état. Rien n'en subsiste aujourd'hui : la percée de l'avenue Emile-Zola a achevé d'en détruire les restes. Comme pour d'autres maisons voisines, les deux piliers de la porte cochère étaient surmontés d'une tête de cheval. Dans une cour se trouvaient une écurie — inutilisée — et un petit pavillon. Je me rappelle moins la disposition de la maison, du côté où elle donnait sur la rue du Théâtre. L'image se présente plus nettement à mes yeux, à travers les brumes du passé, de la façade, avec ses deux étages, sur un très vaste jardin. Sous le perron qui donnait accès, par quelques marches, au rez-de-chaussée, il y avait une grotte, comme il avait été de mode, au temps où la maison avait été construite, d'en ménager une, avec ses rocailles. Oh! de cette grotte, je me souviens mieux que de tout le reste. De lointaines visions s'évoquent soudain, par on ne sait quelle fantaisie de la mémoire.

De cette grotte, ma petite sœur, qui n'avait guère plus de quatre ans, et moi, qui en avais six, nous avions fait notre quartier-général. Elle était d'ailleurs peu profonde, et n'avait rien de mystérieux. Quand on nous cherchait, on était assuré de nous trouver dans cet abri, qui était pour nous plein d'attrait. Peut-être cet attrait venait-il de la défense que nos bons parents nous avaient faite, en redoutant pour nous l'humidité, d'y rester, crainte excessive, car l'ouverture de la grotte était assez large pour que le soleil pénétrât. Si elle avait été un peu obscure, sans doute eussions-nous été moins braves.

Nous étions les derniers nés, et on nous appelait « les petits ». Notre âge nous rapprochait, et quand la vieille demoiselle qui nous donnait des leçons nous avait rendu notre liberté, nous imaginions toutes sortes de jeux. Encore une figure qui sort pour moi de l'ombre! Cette excellente personne, timide et effacée, avait pour habitude, avant toutes choses, de nous faire tracer sur toute une page d'un cahier de petites croix aux bras arrondis. Elle assurait que rien n'était meilleur pour délier la main, et, en même temps, pour donner aux enfants le sens des proportions. Quoiqu'elle fût très bonne et très douce, dans son encouragement à ce singulier travail, elle nous ennuyait un peu, avec ses croix, et nous avions hâte de la voir partir. Nous courrions alors, non sans quelques ruses, à notre chère grotte.

C'est là qu'il nous arriva une terrible aventure qui nous laissa quelque émoi pendant plusieurs jours. Nous étions entourés d'affection; on ne nous parlait qu'avec tendresse. Pour la première fois, nous fûmes les témoins d'un accès de colère, nous apprenant comment pouvait subitement changer la physionomie d'un vieillard habituellement pacifique et bienveillant.

Cette colère, c'est nous qui l'avions provoquée. J'avais découvert, dans un placard, un vieil habit, d'une forme insolite, avec des broderies de soie noire. Il me séduisit, dans la pensée d'un de ces travestissements auxquels nous nous plaisions. J'eus bien d'abord quelques scrupules, mais la tentation fut la plus forte : je me donnai comme excuse que personne ne portait un habit semblable à celui-ci, qu'il était fort usé, et je m'en emparai, étouffant mes remords de conscience. J'eus tôt fait de l'emporter dans la grotte où, avec quelque fierté, je le montrai à ma sœur, qui m'aida à le revêtir. Le gamin que j'étais disparaissait entièrement dans son ampleur, et rien ne nous paraissait plus plaisant que la traîne que faisaient ses basques.

Nous nous amusions fort de ce jeu quand un vieil homme, s'appuyant sur sa canne, passa devant la grotte. Bien que peu expansif, il avait accoutumé de nous adresser quelques paroles amicales. Il se gardait de nous dénoncer quand il nous surprenait dans notre décor favori. Il entendit nos rires, et il entra en nous demandant ce qui causait notre gaîté.

Soudain, il poussa un cri d'indignation, et son visage se crispa, prit une expression qui nous effraya. Il était, en effet, bouleversé, comme sous l'effet de la stupeur, à laquelle succéda un geste d'emportement. Ses yeux, généralement éteints, lançaient du feu. Nous crûmes vraiment qu'il allait nous foudroyer. Il me dépouilla rapidement et non sans vigueur de l'habit dans lequel j'étais enveloppé, et constata, avec une émotion nouvelle chez lui, les ravages déjà accomplis.

— Petit malheureux, me dit-il, où l'as-tu trouvé?

Je ne sais comment il se retint pour ne pas me battre, et abaissa sa main qu'il avait levée dans un mouvement instinctif. Je compris que j'avais dû commettre une grande faute, et qu'il avait fait effort pour ne pas frapper un enfant. Puis ses traits sévères reflétèrent une sorte de désespoir, que j'aurais pu comparer, si j'avais eu l'âge de raison, à l'affliction d'un croyant témoin d'un sacrilège. Ses gros sourcils gris demeuraient froncés.

— Si tu savais ce que tu as fait! reprit-il.

Ce vieillard était M. Hyacinthe Pilorge, le secrétaire et souvent le confident infiniment dévoué de Chateaubriand. Il était le beau-père de ma mère, et n'ayant plus qu'une mince pension du ministère des Affaires étrangères, il vivait avec nous. L'habit était l'habit de petite tenue de l'auteur de *René*, quand celui-ci était ambassadeur. C'était une relique pour

M. Pilorge, qui l'emporta et le cacha si bien qu'on ne le retrouva qu'après sa mort.

Il nous avait paru, un moment, redoutable, mais il fut généreux : il ne raconta pas mon incartade. Il continua même à m'emmener voir les joueurs de boules sur un terrain voisin de la maison, ce qui était la dernière distraction d'un homme dont toute la vie s'était passée dans la familiarité du magnifique écrivain.

Il y avait, cependant, comme un secret entre nous, et si je ne compris que plus tard la gravité de ma faute, à ses yeux, je m'apercevais qu'il ne pouvait me pardonner tout à fait. Il faisait sans doute la part de mon irresponsabilité, mais il avait sur le cœur mon absence de respect pour ce souvenir du grand homme auquel il s'était donné entièrement et à qui il avait voué un culte.

Il est constamment question de M. Pilorge dans la correspondance de Chateaubriand, qui l'appelait « mon bon Hyacinthe ». Chateaubriand disparu, en 1848, il semblait qu'il n'eût plus de raison de vivre. Il n'existait plus que par ses souvenirs, qui remontaient loin puisqu'il avait suivi Chateaubriand dans ses ambassades, et qu'il avait été décoré en 1823 comme « secrétaire intime » de l'ambassadeur devenu ministre des Affaires étrangères. Avec l'âge, il avait pris une humeur taciturne.

Après la mort de Chateaubriand, il avait été

quelque temps titulaire d'un bureau de poste dans la banlieue : c'étaient bien les fonctions qui lui convenaient le moins. Je crois qu'il n'avait pas toujours fait un très bon ménage avec ma grand'mère, mais la vieillesse l'avait forcément assagi.

A travers toutes les circonstances de la vie, il ne me reste que peu de papiers de M. Pilorge. Les plus intéressants sont, naturellement, des notes de Chateaubriand, des corrections pour l'*Essai sur la littérature anglaise*, des pages écrites de sa main pour cet ouvrage, des indications pour un travail politique, des feuillets où l'illustre écrivain avait, en quelque sorte, mis de côté des citations (comme, par exemple celle-ci, de Byron : « Mieux vaudrait qu'ils ne fussent pas nés, ceux qui ne peuvent que douter »), des convocations, des billets intimes.

J'ai eu beaucoup de peine à déchiffrer un de ces billets. Il s'agissait sans doute d'une personne chère au maître, d'un secret auquel était initié M. Pilorge :

Pour vous.

Grattez à ma porte, de 1 à 3. Ou laissez-moi quelques lignes, même inutiles, mais à moi douces.

Avant son mariage, ma mère suppléait parfois M. Pilorge pour écrire sous la dictée de l'auteur des *Mémoires d'outre-tombe* et Chateaubriand, septuagénaire, la remerciait avec grâce :

Ma jeune secrétaire a bien raison de garder le vieux Pilorge jusqu'à parfaite guérison. Je la remercie, et je serais bien heureux qu'elle fût ici pour lui écrire, de sa belle écriture, les beaux billets que je lui adresserais; mais, décidément j'ai la goutte aux mains, et je n'ai personne à qui dicter mille hommages, ainsi qu'à Mme Pilorge.

Je retrouve une autre lettre de Chateaubriand, d'une date postérieure :

Je remercie bien Mlle de Lagrange, elle est trop bonne de s'être souvenu d'un vieux malade qui se meurt. Je lui souhaite un bon mari, en attendant la mort de son oncle, car, heureusement, nous devons tous mourir. Mme de Chateaubriand la remercie de son bon souvenir, et moi, de l'amitié qu'elle porte à l'ancien solitaire de l'Infirmerie[1] qui ne peut plus écrire.

C'était le Chateaubriand de sa vieillesse.

L'âge et son état général de souffrance avaient eu raison de son génie : pour tout dire, Chateaubriand, s'il retrouvait parfois des mots profonds pour exprimer son désabusement, avait des absences. « Il vit dans les songes, écrivait Sainte-Beuve en 1848. Sa bouche fine sourit encore, son large front, au repos, a

---

1. L'infirmerie de Marie-Thérèse, fondée par Chateaubriand et sa femme.

toute sa majesté, mais qu'y a-t-il là dedans et là-dessous » ? Quand, peu de temps avant la mort de l'homme dont la vie avait été si remplie, ma mère se maria, elle voulut lui présenter son mari, ce mari qu'il lui avait souhaité. Mes parents n'évoquaient qu'avec tristesse ce souvenir.

Chateaubriand reçut, dans son appartement de la rue du Bac, le jeune couple avec une exquise courtoisie de vieux gentilhomme, trouvant des mots délicats pour complimenter les nouveaux époux, les questionnant avec bienveillance sur leurs projets d'avenir. Mais, soudain, il sembla oublier ses hôtes, ses regards errèrent dans le vide, et il chantonna à mivoix cet étrange refrain, si inattendu sur ses lèvres :

> Les petits cochons mangent de la...
> Et nous mangeons les petits cochons...

Les visiteurs démeurèrent interdits, gardant un douloureux silence. Etait-ce là le prestigieux écrivain, souverain de la prose? Puis il sortit, non sans effort, de cette sorte d'évanouissement de la pensée, hésita avant de se reconnaître, et se rappelant qu'il recevait une visite, il reprit la conversation, et ce fut sur un mot grave de lui, un mot définissant l'amitié dans l'amour, qu'il reconduisit jusqu'au seuil de sa chambre ceux qui étaient venus lui offrir leurs hommages.

II

PREMIÈRE RENCONTRE AVEC UN POÈTE

Le premier écrivain célèbre que j'approchai fut le bon maître Théodore de Banville, dont tous ceux qui le connurent ont gardé, malgré le temps écoulé (il est mort en 1892) le pieux souvenir. Il y a son buste dans le Jardin du Luxembourg, du côté de la rue de Médicis. Ce sont ses traits bienveillants, son fin sourire, mais le sculpteur lui a donné une poitrine d'athlète, alors que sa santé était délicate et demandait de constantes précautions. Je parle du Théodore de Banville aux approches de la vieillesse.

Nous demeurions alors dans la maison portant le numéro 10 de la rue de Buci. J'étais en rhétorique, au Lycée Saint-Louis, externe, après avoir passé par l'odieux internat. Je n'appris pas, sans un petit battement de cœur, un illuste voisinage. Théodore de Banville habitait l'étage au-dessus de celui que nous occupions. En ce temps-là, on avait, plus qu'à présent, à ce qu'il semble, l'émotion qu'il est bon de ressentir quand on a conscience de son infériorité au regard de ceux qu'on révère. Au Lycée, nous étions quelques-uns qui, après une version latine ou grecque (le grec ne faisait pas encore figure de parent pauvre dans les études) lisions passionnément les poètes. Dans notre petit groupe, qui de nous n'avait, avec l'audace que donne l'inconscience, envoyé d'informes essais à Victor-Hugo? Le grand homme prenait la peine de répondre par quelque « courage et espoir, jeune homme » et cet autographe, nous le portions sur nous, avec orgueil et en ne nous faisant pas faute de le montrer. Mais nous nous prêtions aussi mutuellement les œuvres de Leconte de Lisle, de Coppée, de Sully-Prudhomme, de Théodore de Banville. En prévision du baccalauréat, nous avions à exercer notre mémoire sur les matières du programme de cet examen libérateur, mais ce commerce avec les poètes n'était certes pas du temps perdu, s'il était dérobé aux classiques.

En revenant de la classe, je rencontrais souvent Théodore de Banville dans l'escalier. Ne se fiant qu'à lui pour ce choix, il allait lui-même chercher chez le boulanger Cretaine, rue Dauphine, alors renommé, une baguette d'un pain bien doré, cuit à point, tentant. Il me rendait, avec son exquise courtoisie, le salut dévotieux que je lui adressais, mais sans prêter attention au petit collégien que j'étais. Il ne pouvait savoir que j'avais lu le *Sang de la Coupe* et les *Exilés* et que, déjà, témérairement, je rêvais d'une carrière littéraire. Mon ambition, toutefois, n'allait pas au delà d'obtenir un mot de lui, en passant, mais l'occasion ne se présentait pas, bien que cette ambition grandît en moi.

L'occasion, je la dus à un fortuné hasard. Georges Rochegrosse, son beau-fils, tendrement aimé par lui, se plaisait, annonçant en ses jeux le peintre vigoureux et épris de lumière qu'il devait être, à dessiner et à découper de charmants pantins. Il s'amusait à les remuer, au-dessus de la cour, au bout d'une ficelle. Un jour, cette ficelle lui échappa des doigts et le pantin — je me rappelle que c'était un joli petit chevalier, cuirassé de papier d'argent, sur un justaucorps en damier — eut la bonne idée de tomber dans ma chambre, par la fenêtre ouverte.

Quelle aubaine! J'avais le prétexte d'aller rapporter le petit chevalier. Le destin me souriait, ce fut par Théodore de Banville lui-même que je fus reçu. Alors, comme font les timides quand ils se décident, je lui dis à quel point j'avais désiré ce grand honneur de lui parler. Il sourit, m'interrogea avec bonté sur mes études et sur ce que je souhaitais faire quand elles seraient terminées, m'indiqua des lectures utiles; puis, après m'avoir montré, avec des commentaires ravissants, les marionnettes de Georges Rochegrosse, il m'invita à revenir. Je rentrai chez moi dans l'enthousiasme.

Plus tard, il voulut bien s'intéresser aux essais de son petit voisin, et, dans cette maison où j'avais désormais le faveur d'être admis, où, si peu que je fusse, je trouvais la plus constante bienveillance, quelles leçons d'une aimable sagesse s'offraient, dont j'aurais dû mieux profiter!

Mme de Banville qui, soucieuse du temps précieux du maître, défendait sa porte, avec un flair merveilleux pour distinguer les importuns des autres, me faisait la faveur de m'accueillir, de m'introduire auprès de lui.

Pour certains, en qui elle avait deviné de l'indiscrétion, elle était sévère.

— Je souhaiterais voir M. Théodore de Banville, disait l'indésirable.

— M. de Banville, c'est moi, répondait-elle, qu'est-ce que vous lui voulez?

Mais elle savait aussi comprendre la timidité d'un jeune visiteur, ayant besoin de conseils, et, pour celui-là, tout en lui faisant promettre de ne pas abuser de la permission qu'elle donnait et de dire brièvement ce qu'il avait à dire, elle se montrait encourageante. Elle se défiait de la bonté de son mari. On n'insistera jamais assez sur cette bonté du poète, lui qui avait manié si spirituellement l'ironie.

La rue de Buci, cette première fréquentation familière d'une maison qui m'ouvrait tant d'horizons, cette généreuse hospitalité intellectuelle, cette sollicitude d'un grand artiste littéraire pour un obscur jeune homme — qui, n'étant que Parisien, n'avait naturellement aucun appui de compatriote — sa simplicité, tout ceci m'est resté inoubliable. J'ai aimé, j'ai vénéré Théodore de Banville. Des souverains des Lettres, il était le premier qu'il me fût donné de connaître de près; il a été quelque chose comme le dieu de ma jeunesse.

Parfois, quand il était souffrant ou las, il me donnait, pour de petits théâtres, son service de critique au *National*, et, dans certaines salles, je revois son image quand je pense à ces premières des innombrables premières représentations auxquelles je devais assister.

Puis il déménagea et alla s'installer dans un grand rez-de-chaussée de la rue de l'Eperon, auquel on accédait par un perron de quelques marches. Georges Rochegrosse, avec un précoce talent, avait décoré les portes de fantaisies japonaises. Son cabinet de travail donnait sur un bout de jardin qu'une grille séparait d'un autre, plus vaste, qui semblait le prolonger. Il avait quelque fierté de son « parc », encore qu'il ne fût accessible qu'aux yeux, mais la construction du Lycée de jeunes filles voisin devait le désoler : elle fit, en effet, disparaître le grand jardin.

Mangeant peu, il était extrêmement raffiné pour sa table. On faisait chez lui des dîners exquis et, avec sa conversation toujours pleine d'imprévu et riche de souvenirs, il les accompagnait de commentaires. Tel mets avait son histoire. Selon lui, il n'y avait au monde qu'un commerçant chez lequel on eût chance de trouver un produit parfait. Mais il fallait chercher ce marchand, et, parfois, assez loin, et sans se laisser éblouir par un brillant étalage. Ainsi assurait-il que, pour le café, seul un petit épicier de Moulins le vendait vraiment digne d'être dégusté. « Car, disait-il, en se servant volontiers de cette expression, qui contrastait avec le charme de sa parole, j'aime le café, comme un tigre ». Ce « comme un tigre » revenait souvent sur ses lèvres, pour les comparaisons les moins attendues. Eloquent, quand il défendait ses idées, il avait instinctivement une telle horreur de la banalité qu'il terminait dans une sorte de bredouillement les phrases dont la fin était inévitable.

Plus tard encore, quand il venait au *Gil Blas*, où il publia ses *Contes héroïques*, ses *Contes féeriques*, *l'Ame de Paris*, *Paris vécu*, *Nous tous*, il voulait bien, puisque nous habitions le même quartier, de ma compagnie pour regagner la rive gauche et j'ai ainsi entendu de sa bouche, dans la forme pittoresque qu'il leur donnait, quelques-unes de ces histoires, pleine de moelle, avec leurs raccourcis de jugements sur les hommes et sur les choses, qu'il devait développer dans ses *Souvenirs*.

Trente ans durant, il avait suivi le théâtre et avait parlé du théâtre selon la formule qu'il donnait un jour du feuilleton : « Composé comme un poème, vivant comme une page d'histoire. » Qu'il employât le ton de la malicieuse fantaisie, dont il avait des trésors, qu'il fût grave ou lyrique, qu'il exprimât son émotion ou qu'il eût toutes les grâces légères de l'esprit, ce fût toujours son magnifique respect de l'art qu'il attesta, son admirable et invincible foi idéaliste. Il n'y eut pas une grande œuvre dont il ne se proclamât le défenseur. Pour les autres, avec quelles élégance il se servait de toutes les armes de l'ironie! C'est lui qui, à propos d'une pièce où un auteur célèbre, coutumier de ces tours de force, avait multiplié à ce point ses dons d'ingéniosité, de ruse et d'adresse, que le sujet, poignant en luimême était escamoté — c'est lui qui s'amusait à proposer, pour les drames et les comédies illustres, des dénouements propres à satisfaire les goûts supposés du public et à produire de fortes recettes. Pour le *Cid,* don Gormas n'avait pas été tué par Rodrigue et reparaissait au moment où on le croyait mort. Elmire, à force d'honnêtes coquetteries, amenait Tartufe à rendre l'acte de donation de la maison, et, si Ruy-Blas avait été un peu laquais, on découvrait, en fin de compte, qu'il était né duc et grand d'Espagne, de sorte que la reine avait été aimée d'une façon très supportable.

Peut-être, pour certains, est-ce encore une opinion trop accréditée que Banville fut surtout un merveilleux ciseleur, un virtuose de la perfection verbale, un incomparable artiste. Oui, sans doute, mais ce qui n'a pas été assez dit, c'est qu'il avait une philosophie, qu'il y a un enseignement dans son œuvre, et qu'il n'a cessé, dans ses feuilletons, de la répandre. Cette philosophie est même virile; elle exalte le désintéressement; elle a horreur du bas et du laid; elle invite à tout sacrifier à la noblesse de la pensée; elle glorifie superbement le travail, et, sous la forme somptueuse de l'expression, elle affirme qu'il n'y a pas de justice sans pitié. Chez Banville, de prestigieuses broderies fleurissaient sur une trame résistante. Je me rappelle un mot qu'il disait en souriant : « A l'impossible, tout le monde est tenu ». Ses paradoxes, qu'il jetait en éblouissantes fusées, n'étaient que la parure du bon sens suprême. Et en morale, ses conceptions tenaient dans cette maxime, protestation contre le « fléau de l'indifférence » :

« La fièvre de l'amour, la fièvre du dévouement, la fièvre du devoir, c'est la vie même. Une fois que l'homme s'est guéri de toutes ces fièvres-là, il est bien près d'être guéri de la vie ».

Il avait toujours été soigneusement rasé, comme Pierrot et Napoléon, disait-il en souriant. On s'inquiéta quand on vit qu'il laissait pousser sa barbe. C'était, en effet, peu de temps avant sa mort.

L'affection dont il avait été entouré s'attesta, à ses obsèques, par un petit fait qui était significatif. Tandis que le convoi allait de la rue de l'Eperon à Saint-Sulpice, par un temps menaçant, la pluie tomba, et ce fut bientôt un véritable déluge, le déchaînement de toutes les cataractes du ciel. Cependant, dans le cortège, il n'y eut aucune désertion, personne ne songea à quitter son rang pour se mettre à l'abri.

III

TATONNEMENTS

Quand on écrit ses *Souvenirs*, c'est pour retracer la physionomie d'une autre époque. Qu'il soit donc dit que le « moi » n'est ici que comme un lien entre les images qu'on dessine.

Si ce ne fut pas avec l'éclat rêvé, du moins ai-je suivi la carrière que j'avais souhaité embrasser. Je voulais être journaliste. Je l'ai été, je le suis resté même quand les circonstances firent de moi un directeur de théâtre. Je pus me targuer de l'avoir été déjà sur les bancs du Lycée. Je ne parle pas d'un journal de collège, la *Revendication*, « publié » à un unique exemplaire manuscrit, pendant que j'étais en rhétorique. Mais, en philosophie, j'étais un journaliste « rétribué », correspondant parisien de l'*Echo de l'Huisne*, qui payait mes articles au taux de cinquante centimes le mille de lettres ! Encore, la brièveté de ces articles m'était-elle imposée. Du moins, selon le mot de Murger « je goûtais le nanan de Gutenberg ». Je fus aussi imprimé dans la *Revue Nationale,* dont je parlerai plus tard.

Le baccalauréat passé, mon père, sans contrarier mes goûts (il avait gardé, dans ses fonctions administratives, le culte des Lettres) me chercha une position qui fût au moins une position d'attente. J'entrai à la Société Générale — où je restai trois heures. A peine installé, je songeais aux moyens de quitter la place. En fin de compte, je me déclarai opportunément souffrant, demandai la permission de prendre l'air un instant, et je m'esquivai en hâte.

Un avocat, ami de ma famille, qui fut député d'Eure-et-Loir, M⁰ Gatineau, se chargea alors de mon avenir. J'avais naturellement pris, comme tout le monde, des inscriptions à la Faculté de droit. Il prétendit faire de moi, un jour, un avoué de Chartres; il avait formé tout un plan de vie que je n'avais qu'à suivre, et il me conduisit, pour commencer, chez un avoué de la rue du Pont-de-Lodi, qui s'appelait, je crois, M⁰ Livet. Je ne fis dans cette étude qu'un stage de quinze jours. Je n'avais décidément pas la vocation. « — Je ne m'occupe plus de toi, me dit M⁰ Gatineau. Tu n'avais qu'à te laisser conduire, et je te préparais une vie tranquille et sûre. Tu regretteras

de n'avoir pas suivi mes conseils. » Cette vie
« tranquille et sûre », je ne l'ai pas toujours
eue, mais avouerais-je que je n'ai jamais dé-
ploré de ne m'être pas engagé dans la voie qui
m'était indiquée.

Je rêvais toujours de journalisme. Un savant, M. Barral, dont le nom reste associé pour
une ascension célèbre à celui de Bixio, me
présenta à M. Guéroult, directeur de l'*Opinion
Nationale*. Je ne passais pas devant les bureaux de ce journal sans envier mon camarade Ricouard, mon aîné de deux ans, qui s'y
était introduit. M. Guéroult, pour éprouver ma
jeune ardeur, me fit faire, pour lui, l'analyse
de quelques ouvrages philosophiques qui
l'intéressaient, selon des instructions qu'il me
donna. Il voulut bien se montrer satisfait de
ce travail, qui m'avait donné beaucoup de
peine, mais ces compliments furent tout ce
que j'obtins de lui, et je restai au seuil de
l'*Opinion*.

Je retournai du côté de la modeste *Revue
Nationale*, dont les bureaux étaient loin d'être
aussi imposants que ceux de la rue du Coq-
Héron. On avait inséré là deux articles que
j'avais envoyés par la poste. La *Revue Nationale* n'avait pas grandi depuis : j'eus quelque
surprise en constatant que ses « bureaux »,
rue de Seine, étaient simplement constitués
par la chambre d'un licencié en droit, Edouard
de Luze. Ce n'était pas sur cette Revue — qui

n'eut jamais de caissier — qu'il fallait compter pour quelque rétribution. Mais je nouai là des amitiés durables avec les jeunes gens que je rencontrai, et qui firent à peu près tous leur chemin. La parution de chaque numéro était un problème difficile à résoudre, mais quelle belle humeur et quelle bonne camaraderie! Edouard de Luze devait mourir préfet des Côtes-du-Nord. Il y avait là Paul Strauss, alors étudiant en médecine et accomplissant son service militaire au Val-de-Grâce, comme infirmier, mais attiré déjà par la politique, qui devait faire de lui un conseiller municipal, puis un sénateur et un ministre. A l'Association des journalistes républicains, où nous nous retrouvons, lui comme président, moi comme un des vice-présidents, nous évoquons parfois, en souriant, ce temps lointain. Il y avait là aussi, parmi d'autres, Georges Beauvisage, orné d'une belle barbe, futur professeur à une Faculté de médecine, Fernand Bourgeat, que je revis si souvent au Conservatoire, et Jules d'Auriac, maintenant les traditions d'une famille d'érudits...

C'était un milieu cordial, mais la *Revue Nationale*, qui vivait péniblement, ne faisait vivre personne. Je fus casé au Ministère de l'Instruction Publique, au bureau du Dépôt des Livres. La partie du Ministère où il se trouvait a été reconstruite. Ce bureau était alors une espèce de cave, dont le sol était bitumé. Sur des rayons s'amoncelaient des volumes destinés aux bibliothèques scolaires. Il y avait encore des mœurs bureaucratiques assez débonnaires. On venait assez tard et on s'en allait à quatre heures. Un jour, un ministre voulut faire l'expérience des manquements au règlement en imposant aux employés, à dix heures du matin, la signature d'une feuille de présence : notre bureau, pour cette mesure, était particulièrement visé, mais notre directeur, le baron de Watteville, fut prévenu, nous fit avertir, et, le lendemain, à dix heures, tout le personnel de sa direction était à son poste, alors que, dans des bureaux mieux réputés, il y avait des absents.

Il y avait de la bonne humeur au Dépôt des Livres, dont l'employé le plus important était Alexandre Bisson, le futur auteur des *Surprises du Divorce,* de *Feu Toupinel,* de *La Femme X...* qui entassait, à l'ombre de grands registres, manuscrits sur manuscrits. Ce Normand avisé avait trouvé un moyen de comédie pour être tranquille, dans le coin qu'il avait adopté. Il avait persuadé un jeune collègue, assez naïf, qui venait d'arriver, qu'il y avait dans l'administration une manière de franc-maçonnerie. On n'y était admis qu'après des épreuves assez longues : une de ces épreuves était l'obligation, pour les nouveaux, de faire la besogne des anciens. Grâce à cet artifice, Bisson travaillait à ses pièces dans la tranquillité. A son premier succès, il n'en quitta pas moins le Ministère.

A l'Instruction Publique, je connus Guy de Maupassant, que je devais retrouver au *Gil-Blas*. Il arpentait volontiers les couloirs, supportant mal, avec son besoin de dépense physique, les séances de bureau, et Paul Margueritte, qui était un charmant camarade, très peu bureaucrate, lui aussi. Au Cabinet **du** Ministère, où était appréciée sa vive intelligence, où il attestait les qualités de finesse qui allaient le porter aux plus hauts emplois administratifs, je voyais Henry Roujon, mon condisciple du Lycée Saint-Louis, dont la sûreté d'amitié me devait être si précieuse. Ce n'est qu'un peu plus tard qu'il révéla, sous le pseudonyme d'Henry Laujol dans ses « Abeilles » de la *République des Lettres*, l'écrivain exquis qu'il était. Il apportait d'ingénieuses solutions à des affaires délicates. S'il avait eu plus de temps à lui, il aurait donné plus tôt son délicieux *Miremonde* et les savoureuses études de critique qui le conduisirent à l'Académie des Beaux-Arts et à l'Académie Française.

En ce temps-là, il y avait une direction des Cultes, et elle dépendait de l'Instruction Publique. Il n'y avait, pour aller rue de Bellechasse, où elle était située, qu'à traverser la rue de Grenelle. Je la traversais quelquefois, en effet, pour voir un collègue, employé à cette direction. Il s'appelait Georges Courteline. A la vérité, il n'était pas très facile de le rencontrer : il n'était pas souvent à son poste, ingénieux en prétextes pour faire excuser son absence. Mais quand il était là, que de bonnes causeries où il apportait sa fantaisie!

Lui non plus, il ne devait pas, avec son humeur indépendante, s'attarder au milieu des cartons verts, mais de son séjour à la Direction des Cultes, il rapporta ce livre si plaisant, parce que l'observation y apparaissait sous l'outrance, *Messieurs les ronds de cuir*. Alors qu'on déposait sur sa table des dossiers — qu'il ouvrait rarement — on eût fort étonné son chef de bureau, se plaignant de sa négligence, si on lui eût dit qu'on ferait, un jour, rattacher Courteline à la lignée de Molière.

Le Ministère était un joug assez doux. Je souhaitais, cependant, ne pas m'éterniser rue de Grenelle. Je pensais toujours au journalisme et je ne me satisfaisais pas d'articles de tous les genres parus dans toutes les feuilles, dont personne ne se souvient aujourd'hui, journaux de modes, journaux judiciaires, journaux de théâtres. Je collaborai même à un organe au titre singulier, les *Lunettes politiques,* fondé par un évêque qui ne tenait pas tant à son anonymat qu'il ne fut bien aise qu'on sût ses avances au parti républicain : L.-P. Laforêt, qui avait été le critique de la *Liberté,* puis directeur de l'Ambigu, en était

le rédacteur en chef. J'avais fait la connais
-sance d'Eugène Pitou, secrétaire de la rédaction du *Télégraphe* qui me fit passer quelques
chroniques, mais ce que je désirais, c'était
d'être attaché à un quotidien, d'une façon régulière.

Un an de service militaire retarda mes ambitions. Aussitôt libéré, troquant volontiers le
fusil pour la plume, je repris mes démarches,
mais, pendant mon absence, M. de Watteville
avait pris sa retraite. Il avait été remplacé par
M. Buisson, qui entendait établir une stricte
discipline et ne laissait plus à son personnel
une libre interprétation des règlement pour
les heures de présence. Il faisait lui-même le
tour de ses bureaux et je trouvais sur ma table
un autographe du directeur contenant des
variations sur ce thème : « Il est inadmissible
qu'un employé ne soit pas à son poste à une
heure de l'après-midi ». Je me suis rencontré,
après bien des années, avec M. Buisson, jeté
dans la politique, où il apportait son intransigeante honnêteté et j'eus avec lui de tous
autres rapports.

Mais au Ministère, il était exigeant, n'admettant pas qu'on pût faire en deux heures ce qui
devait être l'occupation d'une journée. Plus
que jamais, je rêvais de dépenser plus utilement mon temps qu'à remplir des formules,
n'ayant droit à aucune initiative.

Sur ses entrefaites, mon ami Ricouard, qui

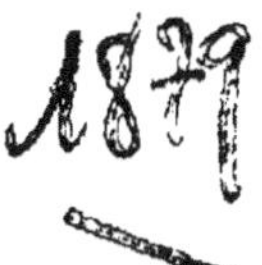

ne doutait de rien, fonda avec Vast la *Revue réaliste.* Il avait trouvé un papetier de la rue d'Angoulême, M. Derveaux, qu'il avait su décider à se charger de la partie matérielle de l'entreprise. Avec Ricouard, nous avions fait nos débuts d'auteurs dramatiques, mais dans quelles conditions! Il y avait dans le passage du Saumon, passage depuis longtemps disparu, qui allait de la rue Montmartre à la rue Montorgueil, un petit théâtre qui portait le beau nom de théâtre Molière. Il était plus souvent fermé qu'ouvert. Il se trouva une directrice audacieuse, mais dénuée de fonds, pour y tenter la chance. A la vérité, elle ne put que l'entr'ouvrir. Mme Barbier était une dame plantureuse qui se flattait de jouer encore les grandes coquettes. Nous lui portâmes notre pièce, un acte qui s'intitulait la *Dernière conquête,* une manière de proverbe, théoriquement en costumes Louis XV, qui, je peux l'avouer, ne renouvelait aucunement l'art dramatique. Mme Barbier le reçut, et même, chose admirable, qui me donna, un moment, quelques illusions sur la facilité à se faire jouer, entendit le monter tout de suite. Je rends justice à la bonne volonté de Mme Barbier, mais le propriétaire de la salle avait le désir d'être payé, et la directrice ne se hâtait pas, et pour cause, de satisfaire à cette obligation. Elle n'en avait pas moins fixé la date de sa première représentation. Moi qui étais destiné à passer ma vie au théâtre, je la commençai par un épisode d'un moderne Roman comique. Mme Barbier, n'ayant pas les clefs du théâtre, faisait bravement répéter dans une sorte de couloir perpendiculaire au passage, qui menait à la salle. La troupe se composait de vieux comédiens qui avaient connu toutes les épreuves, et que celles-ci n'étonnaient plus, et de jeunes femmes débutantes, aspirant aux lauriers de la scène. Comment ai-je retenu le nom d'un certain Sainville, vénérable au moins par son âge, expérimenté par ses nombreuses caravanes, fort édenté, qui jouait le rôle d'un élégant marquis?

Ne disposant que de ces éléments modestes, Mme Barbier parvenait, à force de se démener, à inculquer le feu sacré à ses acteurs. Elle avait, elle, toutes les roueries de métier. Elle finit par pouvoir donner quelque acompte au propriétaire qui lui permit l'accès du théâtre, et les répétitions se poursuivirent hâtivement sur la scène. Le soir de l'ouverture vint enfin. Mme Barbier n'avait pas hésité à convoquer la critique à cette solennité, mais il ne vint que Gustave Isambert, de la *République Française,* et Henry de Lapommeraye, toujours curieux de tout. Hélas! ils furent témoins d'une catastrophe! La directrice avait oublié de faire un contrat avec la compagnie du gaz et l'éclairage fit défaut.

— Eh bien, dit-elle sans trop se déconcerter, on jouera aux chandelles, comme au grand siècle... D'ailleurs, ajouta-t-elle avec une sérénité qu'elle devait à bien des aventures, en s'adressant à nous, votre pièce se passe à une époque où l'on ne connaissait pas le gaz. (Les théâtres n'étaient pas encore éclairés à l'électricité).

Elle envoya chercher quelques paquets de bougies, et nul commissaire n'étant, par chance, intervenu, le public — qui n'était pas très nombreux, composé surtout de gens du quartier — entra, à peu près à tâtons, dans une salle la moins brillante du monde. Sur la scène s'agitaient des ombres. Par contre, la mémoire des comédiens étant incertaine, on entendait deux fois le texte, d'abord par le souffleur, puis par les acteurs, mais l'auditoire était indulgent. Ricouard et moi, nous nous laissâmes persuader par l'encourageante Mme Barbier, toujours de bonne humeur, qu'on avait fait à notre pièce le meilleur accueil.

Ce considérable événement théâtral avait eu lieu avant mon départ pour le régiment. Ricouard, depuis, avait publié quelques romans tapageurs. Il me bombarda, en raison de notre amitié, secrétaire de la rédaction de la *Revue réaliste,* en me prévenant que la « copie » serait rétribuée, « mais pas tout de suite ».

La *Revue réaliste,* à son apparition, fit un peu de bruit par le manifeste qu'elle publia :

La *Revue réaliste* est un journal de combat.

... Formés en phalanges serrées, nous entrons dans le champ de bataille au cri de « guerre à l'idéalisme! » guerre à tous ceux qui chevauchent sur des Pégases fourbus et les hippogriffes morveux de l'écurie poétique!

... Le réalisme doit avoir raison de l'idéalisme, comme les romantiques ont eu raison des classiques, comme, en philosophie, les rationalistes ont eu raison des métaphysiciens, les positivistes des psychologues.

Nous n'entendons pas employer une autre méthode que la méthode scientifique, c'est-à-dire celle qui s'appuie sur l'observation rigoureuse des faits.

Guerre, surtout, aux tartufes de lettres, guerre à tous ceux qu'Auguste Barbier a appelés « les baladins qui dansent sur la phrase ». Ces honnêtes gens poussent des cris de vieille Anglaise effarouchée quand on leur dépeint une femme qui ôte sa chemise et qu'on leur exhibe une cuisse nue. Mais parlez-leur d'une héroïne qui dépouille son dernier voile et dont les charmes rougissants frissonnent à l'appel de l'amour, à la bonne heure! Voilà qui est littéraire et décent.

Nous prévenons nos lecteurs que nous leur servirons une nourriture plus saine et plus mâle... Nous pensons qu'on doit faire bonne et prompte justice des euphémismes encore à la mode aujourd'hui, des synonymes saugrenus et des périphrases paillardes.

... Que le public se rassure! Pour si hardis que nous soyons, nous resterons bien loin des mignardises malpropres que l'imagination malsaine de certains idéalistes élucubre chaque jour.

... Nous ferons preuve à la fois de plus de courage et de loyauté. Nous irons notre chemin, et, quand nous rencontrerons un vice, nous le déculotterons au grand jour.

A tant d'années de distance, rien ne semble plus ridicule que cette profession de foi. Elle le parut même à quelques-uns des collaborateurs annoncés, qui ne s'empressèrent pas de donner de la copie. Cette copie de ces premiers numéros fut d'ailleurs assez difficile à trouver. Il y avait heureusement Edouard Rod, qui arrivait alors de Suisse, et qui, avec abondance, établissait toute une théorie du réalisme. Maurice Montégut — un poète — Charles Grandmougin, Pierre Giffard, furent parmi les fidèles de la *Revue,* dont on oublia vite le tumultueux — et comique — manifeste.

On ne s'arrachait pas du tout cette publication, comme Ricouard l'avait prédit à M. Derveaux. Celui-ci, homme positif, arrêta les frais à la dixième livraison. De la rétribution promise à ses rédacteurs, il ne fut plus question. La *Revue réaliste* avait annoncé qu'elle aurait la vie dure. L'événement donnait un cruel démenti à cette téméraire assertion.

Un confident de mes ambitions, qui me disait aussi les siennes, celles d'être un grand médecin, était mon très cher camarade Le Goff, qui avait été mon condisciple au Lycée Saint-Louis : il était alors au Val-de-Grâce.

Une ruè de la rive gauche porte son nom. Ardent, généreux, enthousiaste, il se prêta, le premier, à l'expérience, qu'on pouvait croire, quand on la tenta, périlleuse, de la transfusion du sang. Il revendiqua l'honneur de donner son sang, pour le salut d'un malade. Ce malade fut, en effet, sauvé, mais Le Goff, affaibli par son sacrifice, prit froid; une congestion pulmonaire se déclara, et cette jeune vie, riche d'espoirs, fut emportée en quelques jours.

Une dizaine d'années plus tard, j'appris la détresse de la mère de Le Goff. J'écrivis dans le *XIXᵉ siècle* un article où je réclamais pour elle l'intervention des Pouvoirs publics. On avait rendu hommage à la vaillance de son fils, mais, quelle que fût la dignité avec laquelle elle la supporta, sa situation était des plus pénibles. Je reçus alors une lettre, dont il n'y a plus d'inconvénient à parler :

En attendant que le gouvernement, qui a des lenteurs connues, fasse quelque chose pour Mme Le Goff, voulez-vous lui remettre ce que je vous envoie? Seulement, je vous en prie, que cela reste absolument entre nous.

Croyez, etc.   Alexandre DUMAS, fils.

A cette lettre, écrite de Marly, était joint un mandat de quelque importance. Je cite volontiers ce billet parce qu'il contredit certains ragots sur Alexandre Dumas, qui le faisaient passer pour avoir la bourse assez serrée.

IV

LE VÉNÉRABLE CONSTITUTIONNEL

Le ministère m'allouait généreusement les appointements mensuels, qui feraient sourire les employés d'aujourd'hui, de 118 fr. 75 — moins une légère gratification traditionnelle au garçon de bureau. Je profitai d'un jour où j'avais une fluxion pour me déclarer gravement malade et je demandai un congé d'un an, sans traitement.

— C'est dommage, me dit mon sous-chef, M. Armagnac, vous alliez être augmenté.

Cette augmentation aurait fait monter mes émoluments à 142 fr. 50. J'y renonçai sans regrets, et je me promis de ne plus remettre les pieds rue de Grenelle, mais qui peut préjuger de l'avenir! Je devais m'y retrouver, mais en passant, quand, longtemps après, je fus nommé, par M. Rambaud, directeur de l'Odéon. Puis, quelles stations j'y fis, en 1900, appelé par M. Leygues, ministre de l'Instruction publique, quand, après l'incendie de la Comédie-Française, l'Odéon dut céder sa salle à la Comédie, et qu'on cherchait pour lui un asile...

Ce fut par une manière de paradoxe que le tout jeune homme que j'étais débuta dans la presse quotidienne en entrant dans un des plus vieux journaux de Paris.

Le *Constitutionnel* avait perdu de son ancien lustre, mais tant que vécut M. Gibiat, son directeur, il demeura un grand journal, qui avait ses deux éditions, une qui partait à cinq heures, pour les départements et une qui paraissait le matin. Il était superbement logé, rue des Bons-Enfants, dans l'ancien hôtel de la chancellerie d'Orléans. Un beau plafond du XVIII° siècle ornait le vestibule. Il y avait dans les bureaux des restes d'une élégante décoration.

Le *Constitutionnel* avait repris de la combativité au moment du 16 mai, puis du 24 mai, en attestant son opposition aux menées d'une audacieuse réaction. Il avait comme rédacteur en chef Antoine Grenier, venu de l'Université, polémiste vigoureux, attestant sa haute culture d'ancien normalien et d'ancien de l'Ecole d'Athènes. Jadis, le roi de Hanovre, dépossédé de ses Etats par la guerre de 1866, lui avait confié la rédaction de la *Situation,* où le monarque aveugle, mais clairvoyant en politique, faisait dénoncer les projets de M. de Bismarck. Il avait écrit un livre charmant sur la Grèce moderne, contre-partie des railleries de son ex-condisciple Edmond About. Très fin d'esprit, il ne se piquait pas de coquetterie et il était un peu débraillé dans sa mise. Après la guerre de 70, il avait passé par le *Figaro* et le *Paris-Journal*, puis il était rentré au *Constitutionnel* dont il avait été, en un autre temps, un des principaux rédacteurs. Il était fertile en anecdotes, mais surtout à mesure que la soirée s'avançait, car il était essentiellement noctambule. Il était alors plein de verve, pour soutenir, par exemple, que la Venus de Milo n'était aucunement une Venus, mais une Victoire. De ses bras manquants, elle devait tenir un bouclier sur lequel elle écrivait le nom des héros tombés glorieusement. Ou il racontait comment, ayant plongé les mains dans l'Eurotas, plein de souvenirs classiques, il en avait prosaïquement retiré des sangsues.

Il n'y avait que des gens mûrs au *Constitutionnel*, et le secrétaire de la rédaction, M. Lefèvre, un ancien chartiste, homme excellent, d'une parfaite bienveillance, portait une longue barbe blanche. Quelles traditions de politesse avaient été gardées dans ce journal! Chargé d'y donner des informations, je ne revenais pas de quelque déplacement sans qu'on me remerciât pour la peine que j'avais prise. Autres temps! On voit bien que je parle d'une époque lointaine.

Le doyen de la rédaction était M. Boniface Desmarets. Un jour que je rentrais de Compiègne, ayant assisté à l'inauguration de la statue de Jeanne d'Arc, il me demanda des détails sur cette cérémonie :

— Compiègne, me dit-il, jolie ville! J'y ai tenu garnison comme officier de la Garde royale.

Cela reportait à l'époque de la Restauration.

Un buste de M. Thiers se trouvait dans le cabinet d'un autre rédacteur, fort âgé aussi. Quand, par les nécessités de la ligne politique, il était amené à écrire un article dans lequel il blâmait M. Thiers, il prenait soin de retourner le buste.

Je rencontrais, dans la salle de rédaction, au classique tapis vert, deux collaborateurs du journal qui étaient bien différents : Barbey d'Aurevilly, dans son costume de vieux dandy, redingote serrée à la taille, pantalon à large bande, jabot et manchettes de dentelles, et Georges Ohnet, critique dramatique, qui n'avait pas encore eu ces succès de roman et de théâtre qu'un article de Jules Lemaître devait lui faire payer cher.

Quand il parlait du *Constitutionnel*, Barbey d'Aurevilly avait l'habitude de dire « ma Maison ». Sa superbe s'accommodait avec une parfaite courtoisie de manières. Il apportait ponctuellement son article de critique littéraire, écrit avec des encres de couleurs diverses. Quand le hasard réunissait le juge magnifique des « Œuvres et des hommes » et Georges Ohnet, petit et bossu, le contraste était singulier.

M. Gibiat me faisait appeler, le matin, et, avec un geste qui était chez lui une sorte de tic, frôlant sa barbiche avec des ciseaux, sans en couper un poil, me demandait « ce qu'il y avait de nouveau », et il fallait en trouver, en créer quand il n'y en avait pas. Il avait voulu moderniser un peu le journal, bien fait d'ailleurs et de haute tenue, et j'aurais manqué à tous mes devoirs en ne le persuadant pas qu'on s'apercevait de l'élément d'activité que j'avais mission de faire sentir à ses lecteurs : je me donnais, il est vrai, beaucoup de mal, mais en m'intéressant fort à ma tâche, pour modeste qu'elle fût encore, dans l'espoir de monter quelques échelons. On n'était pas habitué, au *Constitutionnel,* à ce que les événements parisiens fussent rapportés *de visu,* et j'avais un large champ pour mon ardeur. Le bon M. Lefèvre, qui aimait la jeunesse, et qui ne tenait pas tant à ses habitudes qu'il ne fût partisan des innovations, m'encourageait. A travers tant d'années, je n'ai que de bons souvenirs de cette vénérable maison. M. Lefèvre avait même quelque souci de la mise en pages, mais jamais il ne lui fût venu à la pensée de couper un article pour qu'il « tombât » au bas d'une colonne. Au demeurant, il avait une large érudition, bien qu'elle fût discrète; il savait tout et il pouvait remplacer le titulaire d'une rubrique si, par quelque circonstance, celui-ci faisait défaut. Ce fut lui qui m'incita, sous le titre de « Tablettes du jour », à donner un article quotidien où l'information essayait de se présenter sous une forme de petite chronique. D'humeur toujours sereine, il eut pourtant quelque chagrin quand le *Constitutionnel* déménagea et, quittant l'hôtel de la Chancellerie d'Orléans, vint s'installer au numéro 1 de la rue Baillif, tout près de la rue de Valois.

L'imprimerie était rue des Bons-Enfants, et le service de la rédaction à cette imprimerie était fait par un garçon de bureau mutilé. Il s'appelait Noël Masson. Si je parle de lui, c'est qu'il présentait une particularité assez originale. Ses mains étaient remplacées par deux crochets. Il avait été de ces gamins de Paris qui, pendant le Siège de 70-71, se précipitaient pour ramasser des éclats d'obus lancés par les Allemands sur la rive gauche. Il avait mis trop de hâte à recueillir un de ces éclats et, blessé, il avait fallu l'amputer des deux mains. Or, à partir de ce moment, lui vint une vocation singulière, dans l'état où il se trouvait : il dessina et il grava à l'eau-forte, et, comme graveur, il avait acquis de l'habileté, on pourrait même dire quelque talent. Jusqu'à ce qu'il pût en vivre, M. Gibiat avait assuré son existence en lui donnant ce petit emploi au journal, qui lui laissait du temps. Deux rédacteurs, MM. Astier et Romanet, faisaient quelque propagande pour l'œuvre de ce paradoxal graveur.

Il y avait aussi le caissier, M. Regimbard, homme solennel à barbe grise, qui demeura sidéré quand, avec l'autorisation de M. Gibiat, je lui présentai une note de frais de voitures pour des articles ayant nécessité ma présence rapide dans quelque coin de Paris éloigné de la rue Baillif. Une note de frais de voitures! Cela ne s'était jamais vu! Où allait-on?

V

LE *GIL BLAS*

Il me semble que j'évoque des événements perdus dans la nuit des temps...

Je fus de la fondation du *Gil Blas*, sous la direction de M. Auguste Dumont, qui avait été, au *Figaro*, l'associé de Villemessant et qui avait voulu créer un journal essentiellement parisien.

J'avais été présenté à M. Dumont par Louis Ulbach, si injustement oublié aujourd'hui, dont j'avais été quelque temps le secrétaire bénévole. Louis Ulbach a tenu une grande place dans les Lettres. Il avait été l'un des directeurs de la *Revue de Paris*, persécutée par la magistrature impériale, le critique du *Temps*, avant Sarcey, le polémiste lettré mais ardent des journaux d'opposition à l'Empire; il avait écrit des romans dont le succès avait été grand, *M. et Mme Fernel*, les *Cinq doigts de*

Birouk. En 1869, il avait publié une brochure hebdomadaire, la *Cloche*, moins bruyante que la *Lanterne*, mais fourbissant des armes d'un métal plus solide. La *Cloche* était devenue quotidienne, et il y avait accueilli Emile Zola. La République ne le mit pas à l'abri des poursuites (ce n'était encore, il est vrai, la République que de nom). Pour avoir protesté avec autant d'esprit que de bon sens contre des mesures gouvernementales de réaction, il subit une lourde condamnation. Il fut un des premiers à « ouvrir des fenêtres sur l'étranger », à provoquer la curiosité pour les littératures étrangères, et il allait porter la parole française hors de nos frontières.

Je le revois, avec son visage rasé et ses lunettes, donnant, par ironie pour le libre-penseur qu'il était, l'impression d'un gros chanoine, dans son cabinet de travail à l'Arsenal où, sur le tard, on l'avait nommé conservateur, — une cellule, plutôt, au dernier étage, une petite pièce contrastant avec le vaste salon de son appartement. Du moins, après une existence qui avait eu ses agitations, il y savourait le calme.

Louis Ulbach était un causeur brillant, avec une bonhomie malicieuse. Je me souviens de lui avoir entendu raconter comment, dans une période difficile, il parvenait à faire paraître la *Cloche*. C'était pendant le siège : l'imprimeur Dubuisson déclarait que, dans les circonstances que l'on traversait, où la vente au numéro ne pouvait suffire, bien qu'elle fût bonne, il vaudrait mieux cesser la publication du journal, pour la reprendre dans des conditions plus favorables. Après avoir combattu, par de fortes raisons, cette détermination, Ulbach proposait à M. Dubuisson de jouer au piquet l'impression du numéro du lendemain, et il s'appliquait fort à gagner.

Les pages dont il semblait avoir le plus de fierté étaient de courtes pages, mais publiées en plein Empire. C'était une manière de pari qu'il avait fait de tracer un portrait de Napoléon III, où la vérité ne serait en rien sacrifiée, sans que ce portrait pût être incriminé par la Justice impériale. Et il sut, en effet, en écrivain qui connaissait toutes les ressources de la langue française, faire rendre aux mots dont il se servait leur sens profond. Le républicain qu'il était avait dit tout ce qu'il voulait dire, mais de telle façon que le Parquet eût été ridicule en relevant des traits insidieux, si habilement lancés. La brochure put paraître chez l'imprimeur Voitelain. C'était une sorte de tour de force.

J'anticipe sur les événements, mais, puisque j'ai été amené à parler de Louis Ulbach, je ne peux oublier une aventure singulière, où il montra une belle sérénité. En 1889, il fut gravement malade. Dans un journal, il faut bien tout prévoir. On savait que je le connaissais :

le secrétaire de la rédaction croyant qu'une issue fatale de la maladie ne devait être qu'une question d'heures, m'invita à faire l'article nécrologique nécessaire. Il me répugnait un peu « d'enterrer » un homme qui respirait encore, mais les dernières nouvelles étaient fort alarmantes. L'article fut composé.

Cependant, contrairement à toutes les prévisions, Ulbach sembla guérir. Il put se lever, et il vint même, une fois, au journal. Ce vieux journaliste, qui avait passé sa vie dans la presse, aimait tout ce qui s'y rapportait, même matériellement. Voulant faire une recommandation au metteur en pages, il descendit à l'imprimerie, et, avec l'habitude qu'il avait de ces choses, fouilla lui-même dans les épreuves pour y trouver une chronique de lui, qui devait paraître le lendemain. Lombard, le metteur en pages, justement inquiet, tenta de lui reprendre ces épreuves, mais ne réussit pas à l'empêcher de voir celle de l'article qui faisait son éloge funèbre.

— Déjà! dit-il simplement, sans témoigner la moindre émotion.

Et il se borna à ajouter :

— Me traite-t-on bien, au moins?

Le *Gil Blas* était installé à un entresol, au numéro 10 du boulevard des Capucines, fort à l'étroit. Le premier numéro fut fait dans le tohu-bohu d'une improvisation. Les rôles respectifs n'étaient pas encore bien déterminés, ou, pour quelque raison, des collaborateurs désignés n'avaient pas pris place autour de la table de la salle de rédaction. M. Dumont allait et venait, souriant dans sa barbe blanche très soignée, heureux de se retrouver dans l'atmosphère d'un journal, tenant en main les épreuves de la copie des chroniqueurs. Il y avait là — ces noms ne disent plus grand'-chose aujourd'hui — Henri Vrignault, ancien directeur du *Bien public,* où un roman de Zola, publié en feuilleton, avait été interrompu; Jean Albiot, toulousain à l'air décidé, qui, sous l'Empire, avait fait campagne au *Rappel;* son ami Mondon, qui avait été, en Abyssinie, ministre de Ménélick; Denécheau, futur député de l'Aisne; le baron de Vaux qui se flattait d'être un arbitre en fait de mondanités.

Le soir de ce premier numéro, un grand garçon à la barbe blonde travaillait avec zèle à un article relatant un menu fait de la journée. Personne ne le connaissait : il s'était introduit lui-même. Dans la confusion du moment, il remit gravement son « papier » au secrétaire de la rédaction, qui l'envoya à l'imprimerie.

Le secrétaire de la rédaction, Jules Guérin, trente-cinq ans, moustache rousse légèrement relevée, monocle à l'œil, présentait cette particularité qu'il était neuf dans le métier (à vingt ans, il avait eu un prix de comédie au Conservatoire et il avait été ensuite à la Bourse). Mais, essentiellement parisien, d'intelligence vive, possédant un « liant » précieux dans ses fonctions, ayant la faculté d'une assimilation rapide, ce n'en fut pas moins lui qui, ne se contentant pas des directives de M. Dumont, donna son orientation au journal et en fit le succès. Guérin, s'il n'écrivait pas une ligne, avait le sens littéraire. S'il avait poussé à ce qu'on donnât des contes assez libres, il entendait racheter cette émancipation par l'appel aux collaborations les plus estimées, plus largement rémunérées, d'ailleurs, qu'on n'avait accoutumé de le faire. Peu à peu, presque tous les grands noms de la littérature se rencontrèrent dans les colonnes du *Gil Blas*. Je parle du Guérin d'alors, plein d'allant. J'aurais à dire, plus tard, sa fin lamentable.

L'administrateur se nommait Camille Weintschenk. Il avait des redingotes étonnantes et des gilets inimitables. Jadis grand voyageur, il avait été directeur de théâtre et aspirait à le redevenir, parlant volontiers de ses grands projets. Ainsi, dès qu'il aurait une scène à lui, il commencerait par monter la féérie de Flaubert, *le Château des Cœurs*. Il était abondant en détails sur la façon dont il se tirerait des difficultés de réalisation de la pièce, qui n'avait pas été écrite pour être jouée. Il avait toujours sur lui un carnet où il notait les idées qui lui venaient, où il traçait le schéma de décors, où il dessinait une ébauche de costumes. Après quelques années, il eut, en effet, un théâtre... et il en fit la réouverture par la reprise d'une opérette.

Mon premier article au *Gil Blas* avait été un portrait d'Alphonse Daudet. J'avais été le voir, dans l'appartement qu'il occupait alors, dont les fenêtres plongeaient sur la masse de verdure du Luxembourg. Il avait encore la barbe et les cheveux sans un fil d'argent. Il me semble qu'il y avait, à cette époque, beaucoup de bienveillance chez nos grands aînés. Alphonse Daudet, qui n'avait plus à se soucier d'un article de plus ou de moins sur lui, étant en pleine renommée, se mit en quelque sorte à ma place.

— Il faut faire vivant! me dit-il.

Et je pris de lui une bonne leçon, dans des conseils donnés, avec son expérience, de mêler opportunément l'anecdote à l'étude ramassée des traits caractéristiques de son talent.

— Les appréciations sur mon œuvre, cela, c'est votre affaire, mais les anecdotes, vous ne pouvez pas les deviner.

Et il me conta, notamment, le voyage qu'il avait fait, étant encore très jeune, en Allemagne, avec Alfred Delvau. Ni lui ni Delvau ne savaient l'allemand. Comme ils avaient l'intention de ne pas se borner à visiter des villes, mais d'aller partout où les attirerait un beau paysage, ils avaient prévu la difficulté de se faire comprendre. Ils n'avaient pas eu le temps de s'initier aux complications de la langue allemande et ils n'étaient pas très sûrs de leur mémoire pour quelques phrases usuelles. Alors, pour mieux les retenir, ils les avaient adaptées à des airs connus, et c'était en chantant qu'ils disaient, par exemple, à un aubergiste : *wir wollen trinken bier.*

Je devais revoir souvent, après quelques années, Alphonse Daudet et être reçu dans sa maison de la rue de Bellechasse. Je lui rappelais cet accueil charmant qu'il m'avait fait, en un moment où j'avais besoin, par un article qui fût lu agréablement, d'assurer ma situation au journal où j'entrais.

Je dois au *Gil Blas* d'avoir vu, dans le département de l'information d'abord, beaucoup de choses et beaucoup de gens : c'était une bonne école pour le roman. C'était travailler dans le vif. Je ne suis pas ingrat, non plus pour la mémoire de M. Dumont qui me fit confiance et ne tarda pas à élargir beaucoup mon rôle. Il y avait au *Gil Blas* une bonne camaraderie. C'était encore le temps des salles de rédaction où fermentaient les idées, où se reflétait la vie de Paris, où s'échangeaient les nouvelles et des opinions. Le journal était situé en plein boulevard, des amis d'ancienne ou de fraîche date en montaient l'escalier et se mêlaient à ces causeries. C'était un mouvement qu'on ne voit plus aujourd'hui, avec les éditions successives qui doivent être bouclées à heure fixe. Il se pouvait que la copie fût donnée, parfois, un peu en retard, mais ces conversations, à bâtons rompus, faisaient l'effet d'un stimulant. Que de figures parisiennes d'alors se représentent devant mes yeux ! Il y avait, à cette période, le Boulevard, avec un grand B, un Boulevard non industrialisé, avec ses fervents, qui se considéraient un peu comme des initiés, entretenant des traditions, voire des préjugés. Pour certains, voyant le monde du perron de Tortoni ou du café Riche, tout ce qui n'avait pas été passé au crible des discussions du Boulevard n'existait pas. C'était un peu le travers d'Aurélien Scholl, roi de ce domaine, allant de l'Opéra à la rue Drouot, d'ailleurs si vraiment spirituel.

Dans les premiers mois du journal, les signatures les plus fréquentes furent celles de Quatrelles (Ernest l'Epine) qui, jadis, avait été secrétaire de M. de Morny, avait écrit des pièces avec Alphonse Daudet et avait été un collaborateur assidu de la *Vie parisienne;* de Théodore de Banville; de Jean Richepin, qui entreprit la série pittoresque du *Pavé Parisien;* d'Armand Silvestre, qui n'avait pas encore inventé l'amiral Lekelpudubec et ses autres personnages comiques, et se bornait à des chroniques rappelant en lui le poète; d'Emile Villemot, (bientôt promu rédacteur en chef) qui signait parfois Bourdeau de Bourdeville, des « à la manière » de Brantôme; de Gustave Fould, fils de l'ancien ministre des Finances, assagi, ayant eu une pièce jouée au Gymnase, mais qui avait traversé en sa jeunesse beaucoup d'aventures. C'est lui qui, devant le refus de son père, alors au pouvoir, de payer ses dettes, s'était installé à la porte du Ministère des Finances avec une boîte de décrotteur, surmontée d'une pancarte indiquant son nom. Puis ce furent René Maizeroy, qui devait être poursuivi pour un article, le *Chef-d'œuvre du Maître*, puis Ernest d'Hervilly, à la longue barbe et à l'esprit prompt, puis Paul Alexis, Louis Leroy, Emile Goudeau, avec ses gros yeux de myope, Périgourdin devenu très parisien, l'auteur de *Fleurs du bitume* et des *Poèmes ironiques* qui s'attarda un peu trop dans la Bohême, y laissa s'éparpiller du talent, et mourut prématurément. On lui demandait souvent de réciter son poème, les *Polonais* qu'il disait avec verve :

> En ce temps-là, le duc Jean Soulografieski,
> Prince des Polonais et Ruthèmes, à qui
> Sa soif de Danaïde avait donné la gloire...

Parfois, désenchanté, il revenait sur son arrivée à Paris et donnait des conseils à un jeune bachelier idéal, auquel il avait ressemblé.

Paul Hervieu, alors secrétaire d'Ambassade, un peu parent de Guérin, fait dans les colonnes du journal quelques apparitions. Lui-même, élégant, distingué, avec une certaine gravité diplomatique, malgré sa jeunesse, vient parfois au journal. Il donne au *Gil Blas*, avec une certaine parcimonie, quelques-unes des pages qui composeront son livre, la *Bêtise parisienne*. Il se plaît à une ironie froide. Et voici, par exemple, du Paul Hervieu de la première manière :

Le Tout-Paris se recrute sans distinction d'âge, de sexe, de profession, de caractère, de nationalité.

On y compte des fils de famille qui n'ont pas encore atteint l'année propice au conseil judiciaire et des grands papas qui, par un labeur de toute la vie, commandent le respect de leurs débordements séniles.

Le Tout-Paris accueille les princesses entretenues par des tapissiers et les industriels établis par des actrices. On y rencontre des célibataires ayant une femme au bras, et des hommes mariés qui circulent seuls.

Ici, des gens célèbres par leurs duels ou par des excuses satisfaisantes devant témoins. Là, des généraux héroïques, des notaires forcés de vendre, des orateurs, des sourds-muets, des gentilshommes, des artistes éminents, des tricheurs, des nègres.

Les uns parlent toutes les langues, excepté le français. D'autres ne connaissent que cet idiome, et d'une façon imparfaite.

Cependant, l'entente générale n'en paraît point souffrir.

Dans le Tout-Paris, les vertus et les vices se coudoient avec une aimable aisance, sans que l'on puise déterminer ce qui, des deux, jouit de la meilleure estime...

Paul Hervieu amène souvent son ami et collègue, Fernand Gavarry, futur ministre plénipotentiaire. Quant à lui, une désignation pour le Mexique le tente peu, et, non sans avoir emmagasiné bien des observations, il abandonnera la carrière.

Le groupe des chroniqueurs se renforce. Voici Paul Arène, dont certaines pages devraient, par la pureté de leur style, être classiques, Henry Fouquier, ayant pris d'abord un pseudonyme féminin. Grand, le nez un peu busqué, supportant un lorgnon, le visage se terminant par une barbe d'un blond foncé, c'est un brillant causeur : sur un coin de table, au milieu du bruit, il écrira avec aisance un de ces articles substantiels qu'il réunira sous le titre de *Sagesse parisienne*. Voici Maurice Talmeyr, d'un talent assez âpre, ayant déjà modifié les opinions de sa première jeunesse; voici Jules de Marthold, qui, avec son bagage d'érudit et de lettré, ne put jamais donner toute sa mesure; Edmond Deschaumes, Harry Alis, journaliste-né, qui avait devant lui un bel avenir et qu'attendait une fin tragique, Jehan Soudan, Adolphe Tavernier, escrimeur dans les deux sens, le réel et le figuré; Coquelin cadet, qui apporte ses propos de bonne humeur (et comment eût-on

supposé qu'il sombrerait dans la démence?),
Jean Rameau, Charles Leser, qui traitait les
questions militaires...

La critique dramatique, qui avait eu comme
premiers titulaires Emile Rochard, reprenant
bientôt une direction théâtrale, et Eugène Hubert, était exercée par Léon Chapron, « un pa-
quet de nerfs », selon la synthétique définition
qu'on avait faite de lui, mais écrivain de race,
ayant à l'occasion le mot à l'emporte-pièce.
Encore un que la mort devait enlever trop tôt!
Il avait exigé qu'on lui laissât une indépendance absolue, et il l'attestait, en effet. M. Dumont lui avait demandé quelque indulgence
pour une comédienne; non qu'il s'intéressât
particulièrement à elle; mais c'était sur le
désir de Mme Dumont, dont notre directeur su-
bissait l'autorité despotique. Il avait accoutumé de lire les épreuves. Quand il arriva à
celles de l'article de Chapron, il parut assez
troublé. Chapron s'était livré à un « éreinte-
ment » véhément de l'actrice. M. Dumont pré-
voyait sans doute les reproches de sa femme.
Mais — autres temps! — il ne se fût pas permis de modifier la copie du critique qu'il avait
choisi. Il se borna à dire :

— M. Chapron n'a pas été bien gentil.

Chapron, dont il ne reste qu'un petit volume,
le *Long des rues,* qui ne doit pas avoir beaucoup de lecteurs, aujourd'hui (pour combien
de gens qui furent des gens d'esprit en est-il

de même!) avait la dent dure. M. Caro, dont le cours en Sorbonne réunissait un auditoire mondain, semblant former un nouvel Hôtel de Rambouillet, en fit l'épreuve. Il avait écrit dans la *Revue des Deux Mondes* un article sur la critique, où il la traitait fort dédaigneusement. Chapron prit sa bonne plume et répondit à M. Caro, « dit l'Aimable, comme Chopart », avec une verve si mordante qu'on était sur le point de demander grâce pour M. Caro.

Léon Chapron, mort en pleine force de talent, devait être remplacé par Léon-Bernard Derosne, la conscience même, inquiet du jugement qu'il avait porté sur une pièce, esprit des plus cultivés, parfait galant homme. Lui aussi, il mourut avant la vieillesse. Lui aussi, il ne laissait qu'un livre, *Types et Travers*, préfacé par Sully Prudhomme, son ami intime, qui l'avait bien défini : « c'est un analyste méticuleux, toujours en défiance de lui-même; on le sent aux précautions qu'il prend pour bien distinguer, pour atteindre, parmi les complications de la réalité, le point juste qu'il veut toucher. ».

Le critique musical était un vieux compositeur qui signait D. Magnus, et qui s'appelait Deutz, de son vrai nom. Avec sa barbe grise, il supportait patiemment les plaisanteries, d'ailleurs inoffensives, sous le feu desquelles nous avions accoutumé de l'accueillir. Excellent homme, au demeurant, il n'y avait qu'un point qui lui fût sensible. On avait, de par la similitude de nom, répandu en riant le bruit qu'il était le fils de l'homme qui, pour cinq cent mille francs, vendit le secret de la cachette de la duchesse de Berry. Cette plaisanterie lui était sensible, et il prenait la peine de se défendre contre elle, quoiqu'elle n'eût aucune vraisemblance.

Les collaborateurs du *Gil Blas* se réunissaient parfois en un déjeuner amical, auquel assistaient aussi quelques artistes. Un jour, devant le Café américain, notre voisin, où avait lieu, cette fois-là, le déjeuner, on vit s'arrêter une voiture de deuil. Magnus en descendit majestueusement. Venant d'un enterrement, il avait profité d'un de ces carosses tendus de noir pour se faire conduire au lieu de nos agapes.

Ce déjeuner me rappelle un dîner qui fut gai. J'ai dit, tout à l'heure, que Weintschenk, l'administrateur du journal, avait accoutumé de porter des gilets étonnants. A son insu, on organisa ce dîner, où il fut convié. Il avait été convenu que chacun de nous arborerait, sous la jaquette, un gilet des plus fantaisistes. Toutes les imaginations s'étaient donné carrière. Un de nous, par exemple, portait un gilet sur lequel la mer était peinte, avec ses vagues. Par un mécanisme ingénieux, il faisait mouvoir de petits bateaux découpés. Il y eut toutes les inventions, toutes les combinaisons de couleurs, toutes les excentricités. Mais, d'un avis unanime, la palme resta à Weintsbenk, à qui nous voulions faire pièce, et qui portait son gilet de tous les jours.

VI

LE *GIL BLAS* (Suite.)

Des collaborateurs en renom s'ajoutèrent à
ceux qu'avait réunis le *Gil Blas*. L'exil n'avait
pas enlevé à Henri Rochefort sa verve et sa
fantaisie parisiennes. Reconnaissable facilement sous le pseudonyme de Grimsel, il donna
une série de brillantes chroniques. Les événements auxquels il faisait allusion sont bien
oubliés. Un chercheur, qui voudrait les rappeler, en fouillant dans le passé, les trouverait
sans doute déformés par la manière habituelle
de Rochefort, mais beaucoup de ces articles
ne touchant pas à la politique sont restés amu-
sants dans leur forme. Tel le début de celui-ci
sur une innovation qui fit quelque bruit dans
le monde des arts :

Nous avions déjà le tableau-horloge. Le peintre
Munkaczy vient d'inaugurer le tableau-concert. Sa
toile représentant Mozart mourant et derrière la-

quelle des musiciens exécutent un *Requiem* est, certainement, le point de départ d'une grande révolution artistique. Toutefois, ce qui doit gêner les amateurs désireux d'acheter cette toile remarquable, c'est la nécessité où ils se trouveront d'acheter en même temps le piano, et même le pianiste qui le tient. Jusqu'ici, quand une peinture se détériorait, on faisait venir le rentoileur; c'est maintenant l'accordeur qu'on appellera.

Si le genre d'impressionnisme révélé par M. Munkaczy arrivait à s'imposer définitivement dans les arts, on assisterait à des effets sur la bizarrerie desquels je crois inutile d'insister. Au moment où on regarderait au Salon un *Samson et Dalila*, on percevrait le grincement des ciseaux dont cette horizontale biblique s'est servie pour couper les cheveux de son amant. D'une scène représentant Vénus et Adonis, on entendrait subitement sortir ces voix.

— Adonis, Adonis, qu'est-ce que tu me fais donc?

— Je t'en prie, Vénus, passe-moi la main dans les cheveux.

La foule rassemblée devant une page historique où serait retracé le carré de Waterloo bondirait tout à coup sur un mot inconvenant, qui ferait rougir les dames jusqu'aux oreilles : ce serait le général Cambronne, déclarant aux Anglais qu'il refuse de se rendre.

M. Munkaczy a pensé que, à sa couleur ordinaire, il était bon d'ajouter un surcroît de couleur locale, et, pendant qu'il cherche le ton avec son pinceau, un musicien le cherche, de son côté, avec son archet. Tous deux donnent des notes différentes, chacun dans sa spécialité. Nous allons savoir bientôt ce que produira ce mélange, car il faut nous attendre à lire prochainement dans les revues artistiques:

L'opéra de Massenet, peint par Munkaczy passera dans huit jours.

Ou :

Le tableau auquel travaille actuellement M. Munkaczy sera probablement orchestré par Gounod. Ce sera une des curiosités de l'Exposition de cette année...

N'oublions pas non plus que la lutte homérique des Wagnériens et des anti-Wagnériens est loin d'être terminée et que si quelque coloriste échevelé avait l'imprudence de faire jouer la marche du *Tannhauser* derrière sa toile, il s'exposerait à voir des patriotes indignés passer immédiatement au travers.

Nous connaissons la musique de chambre. Elle est, à notre avis, plus que suffisante, et nous n'éprouvons pas le besoin d'y adjoindre la musique d'atelier. D'autant que, sur cette pente, il n'y a aucune raison pour s'arrêter. Le peintre d'un tableau de chasse serait obligé d'offrir à ses visiteurs un cuissot de chevreuil, et, pendant qu'on s'attendrirait sur une *Mort de Louis XVI*, on serait tiré de sa méditation par un roulement de tambours au moyen duquel Santerre empêcherait le condamné de parler au peuple...

Ce furent aussi les chroniques de Jules Vallès, qui signait du nom transparent de Jacques Vingtras. Il ne faisait qu'une apparition au journal et allait attendre au Café américain les épreuves que lui apportait Séverine, de ses articles toujours curieux, car il fut, comme journaliste, en possession incontestée d'une forme originale et puissante. Quelques-uns d'entre nous le rejoignaient bientôt à sa table, d'où il considérait, avec une sorte de ravissement qu'il voulait dissimuler, ce Boulevard dont il avait été proscrit pendant dix ans. Le « réfractaire », qui avait exhalé tant de rancœurs, était alors un vieux lion apprivoisé. Il n'avait plus à se plaindre que de sa santé, qu'il ne croyait pas aussi atteinte qu'elle l'était réellement. Son talent était universellement reconnu, même par ceux qui ne lui pardonnaient pas son attitude politique. Ses habitudes de révolté, il ne les gardait plus que littérairement. Il se plaisait encore à des paradoxes, mais avec un brin de scepticisme, qui perçait parfois. Il savait se faire jeune avec les jeunes écrivains que nous étions, et, maintenant que l'existence commençait à lui paraître bonne, ses conversations étaient plus spirituelles que virulentes. Le Vallès que j'approchait était surtout un Vallès artiste, avec un vieil orgueil de révolutionnaire en toutes choses, sous lequel il y avait un homme qui se défendait d'être bon. Il eût protesté — avec une colère un peu artificielle — si on lui eût dit que, en fait, il y avait en lui un sentimental. Et, cependant, il n'était pas éloigné d'en être un. Il fut surtout un littérateur poussé par ce qu'il avait écrit à aller « jusqu'au bout ». Il y alla. Il avait eu beau maudire le grec et le latin, il savait ce qu'il devait à sa forte culture. Pendant la Semaine Sanglante, c'étaient des souvenirs classiques qui lui revenaient et c'est à eux qu'il demandait conseil dans la terrible lutte dont l'horreur dépassait tout ce qu'il avait imaginé.

Une rue porte son nom, dans le XIe arrondissement, dans ce XIe où se, prolongea la bataille, agonie de la Commune. En 1871, on le cherchait pour le fusiller. Ce sont les retours de l'Histoire. Un jour, il nous disait ses tragiques allées et venues, de barricade en barricade. Il ne s'expliquait guère comment on finit par le prendre pour un médecin et par lui confier un lignard blessé.

— Si je l'opère, pensait Vallès, il en mourra.

Une pitié lui venait pour ce pauvre diable de soldat, du camp opposé au sien, mais qui ne pouvait être responsable de la terrible frénésie de l'armée de Versailles dans la répression.

— Eh bien, lui dit un garde national de l'Ordre, qu'attendez-vous?

— Vous n'allez pas m'apprendre mon métier, répondit Vallès, d'une voix bourrue. Les opérations, c'est l'ancien système : ce n'est pas le mien.

Et il profita de la confusion, du transport de nouveaux blessés, pour s'esquiver.

Puis, dans la grande prospérité du journal, ce furent Catulle Mendès, Paul Foucher, neveu de Victor Hugo, loyal camarade, arbitre souvent choisi pour des affaires d'honneur, Grosclaude, la fantaisie même, Guy de Maupassant, en pleine force de production, mais qui était encore un canotier intrépide. Il était alors fier de sa force. Qui eût dit que quelques années plus tard, il tomberait dans la démence! Il y a eu bien des études sur Maupassant. Le docteur Voivenel, notamment, l'a rétrospectivement traité en prédestiné de l'aliénation, examinant les causes de ce naufrage du talent le plus vigoureux. A mon sens, cependant, il me semble que ses biographes ont fait trop état pathologique de la publication du conte *le Horla*. D'autres que lui ont fait du fantastique, qui ne sont pas devenus fous. Dans la période du *Horla*, il donnait des contes attestant l'esprit le plus sain.

J'ai parlé de la camaraderie du *Gil Blas*. On allait parfois, sur l'invitation de Maupassant, déjeuner, le dimanche, à Sartrouville, où il avait, voisine de la Seine, une petite maison, mais comme elle eût difficilement abrité les convives de Maupassant, ce déjeuner se passait dans une auberge voisine. Il y avait un rite qu'on m'excusera de mentionner. Chacun trouvait à sa place un sceptre d'un genre particulier — un phallus, en bourrelet, peint avec réalisme par un peintre connu. C'étaient, à ce sujet, des plaisanteries traditionnelles. Commencé sous de tels auspices, le repas était des plus gais. Quelques petites amies, exemptes de toute bégueulerie, se mêlaient à nous. La conversation prenait, d'ailleurs, un autre tour que ce tour léger, et il arrivait que, sur un ton de bonne humeur, on dît des choses sérieuses.

Puis ceux qui avaient la libre disposition de leur après-midi se rendaient dans la maison de Maupassant, qui, d'aventure, se montrait un peu échauffé, non par le vin, mais par la présence des jeunes femmes qui se trouvaient là. Je ne sais comment je retrouve, au fond de ma mémoire, le nom de deux petites danseuses de l'Opéra, Mayer et Ivanoff, qui étaient venues, une fois, à Sartrouville. Robuste, et se flattant de l'être, Maupassant s'était avisé de vouloir prouver sans délai à ses invitées ses qualités de champion. Il s'y prit même un peu brutalement, et il parut opportun d'intervenir. Mais, comme dégrisé, le maître du logis revint à la causerie générale, roulant bientôt sur ses particularités de la composition littéraire.

Quand il passait quelques moments au journal, il était cordial pour tous. Mais, avec le grand succès, il prit des habitudes mondaines, ou on les lui fit prendre. Je me rappelle que, un jour, ayant à lui parler, et n'ayant pu arriver chez lui, rue Montchanin, avant sept heures et demie, je le trouvai en habit noir et cravate blanche. Je m'excusai de ma visite à l'heure où, sans doute, il se préparait à sortir.

— Du tout, fit-il, je dîne seul, chez moi, et je ne bougerai pas de la soirée.

Une autre collaboration au *Gil Blas* fut celle de Barbey d'Aurevilly. Nous avions été, Jules Guérin et moi, la lui demander, en son logis de la rue Rousselet. Guérin lui parla des conditions qui lui étaient offertes : elles étaient, surtout pour l'époque, beaucoup plus élevées que celles auxquelles il était habitué, fût-ce pour de grands articles, de ces études littéraires qu'il réunit sous le titre « les Œuvres et les hommes ». Le Connétable eut un imperceptible mouvement du visage, indiquant quelque surprise, car il s'en fallait qu'on rétribuât généralement son hautain talent comme il eût été légitime qu'il le fût, mais il eut un geste superbe de condescendance au prix proposé.

Le maître arrivait aux bureaux du boulevard des Capucines dans les costumes singuliers qu'il affectionnait. Il était toujours de la courtoisie la plus raffinée, avec ce grand air qu'on ne pouvait oublier, et qui, bientôt, faisait passer sur son originalité vestimentaire.

Causeur, il était un styliste de la parole. Ce n'étaient point des paradoxes purement brillants qu'il jetait, c'étaient des réflexions parées d'une forme aristocratique, revêtues d'un ornement éclatant par lesquelles il les signait. C'était toujours ce dédain des petites choses et des choses médiocres.

— Je ne crois, disait-il, qu'à ce qui est rare, les grands esprits, les grands caractères, les grands hommes. Qu'importe le reste? Le plus grand éloge qu'on puisse faire d'un diamant, c'est de l'appeler un solitaire.

L'insolence — et le mot devenait terrible, prononcé par Barbey d'Aurevilly — l'insolence moderne l'écœurait. C'est qu'elle avait tué l'impertinence, « cette sœur jumelle de la politesse ». Que d'esprit il fallait pour tourner cette difficulté de rester poli et parvenir à être impertinent !

— La politesse, affirmait-il, c'est le meilleur bâton de longueur qu'il y ait entre soi et les sots — un bâton qui vous épargne même la peine de frapper.

Il y eut aussi Léon Cladel, dont le buste se trouve, maintenant, dans le jardin du Luxembourg, reproduisant le visage expressif de celui que Barbey d'Aurevilly appelait « le rural écarlate », vieux républicain de toujours et même, par son désintéressement, républicain de l'an II, resté un pur paysan, ou, du moins, trouvant le meilleur de son inspiration, l'accent le plus original de son œuvre dans la peinture des hommes et des choses du Quercys. Et c'est rappeler le *Bouscassu*, la *Fête votive de Saint - Bartholomé porte - glaive*, l'*Homme de la Croix aux bœufs, Ompdrailles, le tombeau des lutteurs.*

Au *Gil Blas*, il donna son roman *Mi-Diable*, où l'un des personnages montait un fougueux jumart, animal évidemment rare, issu du croisement d'un taureau et d'une jument. Pour Cladel, comme pour d'autres, il y eut une période d'éclipse, mais l'heure vient où l'on retrouve les écrivains qui eurent une vraie personnalité. Ce réaliste avait, en même temps, le sens de l'épique. C'est là ce qui lui était particulier. Il avait la passion de la vérité, mais il la voyait grandiose. On pouvait s'étonner des noms singuliers de ses héros : Montauban-tune-le-sauras-pas, N'a-qu'un-œil, Casque-à-mèche, et il se plaisait à dire : « mon géniteur » pour mon père et « ma graine » pour mon fils. Mais il fut un grand peintre à la plume — une plume trempée dans le vermillon. Et ce rude homme, qui était toute probité et toute conscience, avait une âme fraternelle pour tout ce qui souffrait.

Tout avait beaucoup changé autour de lui : il était resté tel qu'il était sous l'Empire quand il publiait son roman *Pierre Patient* dans un journal de combat, rédigé par Gambetta, Ranc, Spuller, Castagnary, et qui s'imprimait à Francfort, pour tourner les lois sur la presse. Les années passèrent : ceux qui avaient été les amis de jeunesse de Cladel étaient au pouvoir. Il ne songea jamais, dans son indépendance, à leur rien demander.

Que de figures m'apparaissent! Camille Lemonnier, le rude auteur du *Mâle* et du *Mort*, une sorte de bon géant roux, qui, habitant Bruxelles, était souvent à Paris ; Bachaumont, de son vrai nom Gérard, qui signait aussi Santillanc; Albert Dubrujeaud, qui quitta Paris pour aller vivre d'une vie champêtre avec

Judic; Villiers de l'Isle-Adam, rêveur éveillé, dont quelques contes furent des chefs-d'œuvres, mais qui, avec son éloquence lyrique, ou ses paradoxes, effarait un des commanditaires du journal, M. Courbouleix, encore que celui-ci, notable commerçant, se flattât de se plaire dans le monde littéraire. Un jour, à un déjeuner du *Gil-Blas,* Villiers de l'Isle-Adam, particulièrement en verve, reprenant les thèmes de son *Tribunal Bonhomet,* ce « satan bourgeois », cet implacable ennemi de l'idéal, avait littéralement stupéfié cet ancien chemisier retiré des affaires après fortune faite. — « Je veux bien, avait-il dit, que ce monsieur ait du génie, mais, la prochaine fois, qu'on ne me place plus à côté de lui! »   !

Je revois aussi Maurice Montegut, dont le visage était quelque peu méphistophélique, conteur chez qui subsistait un poète à l'âme épique. C'est lui qui avait imaginé l'histoire du père d'une fillette condamnée par la phtisie. Il s'enfermait, avec elle, dans une solitude. Il se demandait avec angoisse si la mort est une idée innée, inévitable, naturelle chez la créature humaine. Il voulait lui épargner l'effroi de sa fin fatale. Elle mourait, en effet, en croyant s'endormir, sans avoir deviné la mort. Et, dans un tout autre genre, c'est aussi le bon et gros Léopold Stapleaux, qui vivait sur le succès, ne s'étant pas renouvelé, de *l'Idole,* une pièce qu'avait jouée la tragédienne Rosélia Rousseil, — avant qu'elle récitât des poèmes dans une cage aux lions.

Georges d'Esparbès, alors jeune « grognard », donnait des contes héroïques; il était l'homme de l'épopée. Quand il arrivait, on s'amusait à l'accueillir en imitant des tambours battant aux champs ou par une sympathique fanfare. Il est, Dieu merci, un des témoins de ce temps-là. Gustave Guiches, auteur dramatique et romancier, en est un autre.

Villiers de l'Isle-Adam mourut pauvre. Ce fut Rodolphe Darzens, aujourd'hui directeur du Théâtre des Arts, qui parvint, avec une chaleureuse éloquence, à réunir la somme nécessaire pour son enterrement.

Le *Gil-Blas* publia un jour des autographes de ses collaborateurs, dont le nombre s'était augmenté après la mort de M. Dumont, auquel avait succédé, après le pâle interrègne de l'imprimeur Dubuisson, René d'Hubert, qui devait transporter le journal, trop à l'étroit au boulevard des Capucines, dans la rue Gluck.

D'Emile Bergerat : on ne rend des services que pour pouvoir les reprocher.

D'Abel Hermant : L'amour avec une petite bourgeoise, c'est de la musique d'opéra-comique réduite pour piano.

De J.-K. Huysmans (non encore converti) : L'invraisemblable se voit, car même la sinécure du peuple existe. Aussi combien le métier de mari de la blanchisseuse ou de sage-femme doit être envié!

De Clovis Hugues : La fonction de législateur est incompatible avec le mandat de député.

De Léon Bloy (et de sa grande écriture appuyée) : « Quand nous ne parlons pas à Dieu ou pour Dieu, c'est au Diable que nous parlons, et il nous écoute — dans un formidable silence. »

De Grosclaude, toujours fantaisiste: « Il m'est malheureusement impossible de formuler une pensée non écrite; je ne pense qu'en parlant. »

De J. Ricard, qui eut son heure de notoriété comme conteur : « L'amour? une gymnastique du corps, que l'on tente de faire passer pour un exercice de l'âme... »

Un nouveau venu qui fit de brillants débuts fut Marcel Prévost, bien armé par sa double culture, sachant ce qu'il voulait, s'imposant, en effet, en peu de temps. Il y a dans son premier roman, le *Scorpion*, une scène très forte : une veuve se confessant à son fils, qui est prêtre, d'une faute absurde, invraisemblable à son âge. Un voyageur ivre, un inconnu, l'a prise, un soir et, saisie d'un vertige des sens, après toute une vie d'austérité, elle ne s'est pas défendue. Et, quand le prêtre, impassible, a recueilli cet aveu et a, selon son ministère, ordonné ses pénitences, le fils, sanglotant, s'agenouille, et jure à sa mère qu'il la chérit toujours.

Je revois Gustave Claudin, vieille gazette vivante, âgé déjà, mais toujours fureteur, boulevardier impénitent dans le sens qu'on attribuait alors à ce mot, riche de souvenirs, prenant plaisir à conter une anecdote, qu'il rajeunissait en la donnant comme de la veille, telle que celle de cette jolie femme ayant affaire à un maître jaloux. Quand elle sortait en voiture, et disait qu'elle avait été au Bois, cet Othello inspectait les roues de son coupé, pour voir si elles étaient bien enduites de cette boue jaune, qui est particulière au Bois de Boulogne. Mais la belle avait fait prendre une provision de cette boue, et, lorsqu'elle rentrait, son cocher avait ordre d'en badigeonner la voiture.

VII

UN BALLON TOMBE DANS LA MER

Le journalisme devait me faire rencontrer bien des personnages célèbres. Dans la période où j'avais surtout à parler de choses vues, je me souviens qu'un de mes premiers déplacements fut pour aller, à Folkestone, au devant de l'explorateur des régions polaires Nordenskiold, et avoir, avec lui, une conversation. En débarquant à Folkestone, descendu à l'hôtel du *True Britton*, je m'avisai que je n'étais pas le seul journaliste français.

Quelques heures avant moi, et dans le même but, était arrivé Pierre Griffard, avec qui je devais me lier d'une bonne amitié. Pierre Griffard, qui s'appelait en souriant « le sieur de Va-Partout » était un esprit très ouvert, curieux de la vie moderne dans toutes ses manifestations: il fut conférencier, auteur dramatique, joué au Gymnase, démonstrateur de découvertes scientifiques, animateur des sports, plus tard correspondant de guerre en Mandchourie, se donnant toujours entièrement à ce qu'il faisait. Nous attendions ensemble Nordenskiold et le capitaine Palandier, qui avait commandé la *Vega,* le navire avec lequel le savant suédois avait pu percer des mystères arctiques. Le voyage de celui-ci avait eu un grand retentissement.

Nordenskiold était alors un homme robuste (il avait bien fallu qu'il le fût) avec d'épaisses moustaches blondes et des sourcils broussailleux. En Angleterre, il avait déjà passé par l'épreuve des interviews. Il nous accueillit cordialement, Griffard et moi, mais, pour plus de commodité, il remit l'entretien au moment de la traversée de Folkestone à Boulogne. Je faillis être exposé à un fâcheux contre-temps. La mer était fort mauvaise, de grosses vagues faisaient danser le paquebot. Avec quelque attention que j'écoutasse Nordenskiold, quelque intérêt que je dusse prendre à ce qu'il disait, je sentis les prodromes du mal de mer. Aussi, je me hâtai de poser des questions. Il me trouva sans doute bien pressé. S'il avait su qu'il était tout à fait temps que j'eusse une suffisante moisson de notes!

Je devais revoir, vingt ans plus tard, à Stockholm, Nordenskiold, dans l'appartement d'une simplicité militaire qu'il occupait à l'Académie des Sciences. Malgré ses soixante-

sept ans, alors, il était toujours le même
homme solide, à la taille droite, mais la moustache et les énormes sourcils avaient blanchi.
La pièce où il avait élaboré des plans si hardis, avait, sur un parquet de bois blanc, un
ameublement presque primitif. Seulement, les
rayons d'une vaste bibliothèque couraient le
long des murs, dont les rares espaces laissés
libres étaient couverts de photographies évoquant les grands voyages du savant. A demi
caché par un paravent, un petit lit de fer,
lit de soldat ou de combattant pour les
grandes causes, peu accoutumé à se donner ses
aises.

Il me montra sa collection de vieilles cartes
et de portulans, dont il était un passionné col-
lectionneur.

Nordenskiold pour les régions polaires, Sa-
vorgnan de Brazza pour l'Afrique, furent,
à l'époque dont je parle, deux grands voyageurs glorifiés. Brazza agrandissait largement
notre domaine colonial, mais, après un moment d'ovations, la France n'eut pas pour lui
la reconnaissance durable qu'eut la Suède
pour Nordenskiold.

En ce temps-là, on allait voir, tous les di-
manches, arrêter Louise Michel sur la place
de la Bastille. On lui arrachait le drapeau
rouge qu'elle brandissait, on la conduisait au
poste et on la relâchait, pour qu'elle recom-

mençât la semaine suivante. La police avait fini par avoir quelques égards pour cette « cliente », pour cette illuminée, dont on ne pouvait pas méconnaître l'âme faite d'un besoin de dévouement. Les amnistiés de la Commune tenaient de houleuses réunions et je me rappelle l'une d'elles, prouvant que les passions n'étaient pas éteintes, où Lullier fut mis en accusation par ses anciens compagnons.

On ne croyait guère, alors, à la possibilité de la navigation aérienne. Elle paraissait une utopie et on n'en était encore qu'au ballon, allant au gré des vents. Un aéronaute un peu trop Marseillais, hâbleur, mais sûrement brave, vint, un jour, au *Gil-Blas,* nous parler d'une invention de son cru. Il ne prétendait pas tout à fait à la direction des ballons, mais il avait imaginé un certain cône, suspendu à l'aérostat, à l'aide duquel il assurait qu'il pouvait, au moins, faire quelques manœuvres selon sa volonté. Ce diable de petit homme, fort barbu, avait un entrain singulier. Il parlait avec tant de conviction de ce qu'il avait rêvé, plutôt que combiné, qu'il finissait par être persuasif. Il avait fait, au demeurant, je ne sais combien d'ascensions, et il portait plus d'une cicatrice, témoignant d'atterrissages difficiles. Son ambition — déjà — était de traverser l'Atlantique, et il montrait, en réduction, un ballon qui lui servirait pour cette tenta-

tive, qui ne pouvait, alors, que paraître renou-
velée des contes d'Edgard Poë. En attendant, il
avait la foi dans l'efficacité de son cône, et il
voulait en faire un essai qui fût signalé.

Il venait demander à l'un de nous de l'ac-
compagner dans ce voyage aérien. Je me proposai : après avoir voulu me dissuader de
m'engager dans cette aventure, M. Dumont
comme je m'y entêtais, finit par consentir à
me laisser partir, encore qu'il n'augurât pas
très bien du sérieux de Jovis. Temps lointain, où un directeur de journal avait cette
sollicitude pour ses rédacteurs et se préoccu-
pait de ne pas les exposer inutilement.

Le rendez-vous avec Jovis était à Menton.
Je le trouvai plus certain que jamais de
l'excellence de son appareil. Notre envolée,
par suite de retards au gonflement du ballon,
ne put avoir lieu qu'assez tard dans l'après-
midi. Les petits ballons, lâchés pour étudier
la direction du vent, prirent la direction de la
montagne.

— Parfait! dit Jovis avec un bel aplomb,
nous coucherons cette nuit à Alexandrie, ou
peut être à Pavie.

Nous nous installâmes dans la nacelle, qui
n'était qu'un étroit panier, et, devant la foule,
qui nous regardait, il commanda : « Lâchez
tout! »

Ce fut assurément, d'abord, un merveilleux
spectacle, avec l'immense panorama qui s'éta-

lait au-dessous de nous. Ce spectacle ravissait Jovis, que semblait griser chacune de ses ascensions, au point qu'il éprouvait le besoin de se livrer à des acrobaties qui ne laissaient pas de m'inquiéter, car, novice comme je l'étais, je me demandais ce que je ferais si, dans son enthousiasme le poussant à cette gymnastique dans les airs, il venait à choir.

Un voyage en ballon, est-ce parler aujourd'hui de temps reculés! Mais celui-ci fut accidenté. Absorbé d'abord par la contemplation d'un magnifique tableau, je m'aperçus qu'une saute de vent nous poussait vers la mer. Nous étions au-dessus des flots.

— Tant mieux, s'écria Jovis, nous irons en Corse; j'y ai justement des amis.

— Mais, lui dis-je, comment pouvez-vous en être aussi sûr?

— Un instinct.

Cependant, le vent nous entraînait et nous nous éloignions du rivage. On était en mars et la nuit tombe vite. Avec quelque assurance que Jovis parlât de la Corse, je pensais toutefois que la Méditerranée était grande et que le vent n'était pas absolument à notre service. J'émis cette objection. La côte se dessinait déjà moins nettement.

— Après tout, fit Louis, vous avez peut-être raison, et l'occasion est bonne d'expérimenter mon cône, qui peut se transformer en cône-ancre. Descendons... Attention! reprit-il, vous allez recevoir le « baptême de la crotte ».

Il tira la soupape, et nous nous engouffrâmes dans la mer. Un bain un peu brusque, puis le ballon remonta, mais, délesté de la plus grande partie de son gaz. Le fameux cône-ancre ne l'arrêta aucunement, à la grande surprise de Jovis, et il continua à être poussé par le vent. Cependant, ce qui restait de gaz s'enfuyait rapidement; le ballon, dégonflé, effleurait les vagues. Bientôt, la nacelle se transformait en primitif bateau, qui ne tardait pas, n'étant plus soutenu, à s'enfoncer. Il nous fallut jeter quelques ustensiles, nos provisions (un si beau pâté, dit Jovis, avec regret) tout ce qui pouvait nous alléger.

Dans cette situation assez critique, aggravée par l'obscurité qui venait, Jovis, bien que dépité de l'insuccès de son cône-ancre, gardait une belle humeur communicative. Je ne trouvais pas que le moment fût très drôle, mais mon compagnon de naufrage s'en amusait et invitait, par son exemple, à lui répondre sur le ton plaisant : ainsi faisions-nous l'oraison funèbre des objets que nous devions envoyer par-dessus bord, car ce n'était plus seulement les pieds que nous avions dans l'eau. Le bain risquait d'être complet.

— Bah! dit Jovis, il faut toujours compter sur un heureux hasard. On s'en tirera.

L'amour-propre me faisait fanfaronner, mais le hasard me semblait un mot un peu vague.

Il se manifesta, cependant, sous la forme d'une lumière encore lointaine. Nous la reconnûmes, peu à peu, pour celle d'un canot qui nous cherchait, et nous l'appelâmes de toute la force que peuvent avoir des poumons, quand il s'agit de vie ou de mort. Monté par quatre solides marins, ce canot avait été envoyé par le propriétaire d'un yacht de plaisance, le marquis de Préault. Prévoyant notre chute dans la mer, il avait pris ses dispositions pour nous venir en aide. C'était le salut, mais les vagues étaient fortes, le vent soufflait, rabattant vers nous la loque qu'était devenu le ballon. La poursuite était difficile pour nos sauveteurs; le passage de la nacelle dans le bateau le fut aussi, Jovis défendant le cadavre de l'aérostat contre les coups de couteau nécessaires que lui portaient les marins. Nous avions un peu perdu la notion du temps et de la distance : nous apprîmes que nous étions à une quinzaine de kilomètres de la côte. Nous devions cet heureux dénouement à la prévoyance du marquis de Préault qui s'était pris à temps pour nous faire porter secours.

Les restes du ballon furent pris à la remorque. Sur le port, Mme Jovis, sans avoir manifesté beaucoup d'émotion, habituée à toutes les péripéties des voyages aériens, dit seulement à son mari :

— C'est dans cet état-là que tu ramènes *l'outil!...*

Jovis était bien connu dans les rédactions, se plaisant à emmener avec lui des écrivains. Il devait donner aussi à Guy de Maupassant des sensations aérostatiques. Ce fut à peu près le seul voyage qui se passa sans incidents. Avec les gens de plume, il avait de la malchance : il faillit noyer Grosclaude dans le lac de Grandlieu, fit faire à Georges Montorgueil une terrible chute au moment même du départ du Champ de Mars, mit un peu à mal Paul Arène. Ce casse-cou ne se flattait pas moins d'être le premier aéronaute de France. Il mourut avant l'emploi de l'avion, et avant d'avoir pu faire construire le ballon avec lequel il se faisait fort d'atteindre l'Amérique. C'était impossible, mais il serait parti.

Un journal que dirigeait Cornely, le *Clairon*, vint s'installer à côté du *Gil-Blas*. On voisinait : c'est là que je connus Alfred Capus, à ses débuts, avant qu'il fît œuvre de spirituel ironiste dans une publication hebdomadaire d'un ton agressif, et qu'il écrivît ses premiers romans et ses premières pièces. Il avait une aimable nonchalance qui lui donnait peu de goût pour les détails de la confection d'un journal quotidien. Causeur brillant, il s'attardait parfois au *Gil-Blas*, où il était venu chercher ou contrôler une information.

— Ah ça, disait-il, j'oublie que je suis de l'autre maison.

D'autres journaux, dont l'existence ne fut pas très longue, comme le *Henri-Quatre* (c'était surtout le Vert-Galant qu'évoquait ce titre) campèrent dans les parages du boulevard des Capucines. Le *Henri-Quatre* avait comme critique dramatique Henry Becque.

Plus loin, sur le boulevard, il y avait le *Voltaire* que dirigeait Jules Laffite, où M. Poincaré faisait la chronique judiciaire (ce qu'il rappelle sans déplaisir), et ayant, lui aussi, un bon peloton de chroniqueurs. Et dans feu le passage de l'Opéra, l'*Evénement*, d'Edmond Magnier, si fertile en atermoiements ingénieux pour les appointements de ses rédacteurs, que ses artifices sont, malgré le temps écoulé, demeurés légendaires. Combien d'écrivains connus débutèrent à l'*Evénement*, n'ayant jamais eu que des rapports purement platoniques avec la caisse!

VIII

TUNISIE ET RUSSIE

Avec l'expédition de Tunisie, c'était la première fois, depuis 1871, que la poudre allait parler. Les troupes étaient impatientes de montrer ce qu'avaient fait d'elles dix années de recueillement. J'étais, je crois, le plus jeune des correspondants de guerre, parmi lesquels se trouvaient Fernand Xau, le futur fondateur du *Journal;* Gaston Lemay, déjà un vétéran; Séguin, un normalien, qui, pendant la Commune, avait été attaché à l'état-major de Rossel, mais qui avait atténué le rouge de ses opinons; Arnous-Rivière, dont l'enthousiasme n'allait pas sans démonstrations bruyantes; le grave Joël Le Savoureux, le dessinateur Paul Renouard, n'ayant pour arme qu'un parapluie blanc, et dédaignant l'équipement qu'avaient adopté certains d'entre nous. Tout ravissait cet artiste d'un crayon puissant, et il tombait en extase devant un sordide mendiant arabe. Un autre dessinateur, mais qui maniait aussi la plume, Dick de Lonlay. Correspondant de guerre! Je devais, si longtemps après, reprendre cette tâche, dans de bien autres conditions.

Quelques tableaux de cette campagne me sont restés dans la mémoire. D'abord, à Duvivier, sur la route de Souk-Ahras, où se concentrait la colonne Logerot, que je suivais. Le patron d'une petite auberge avait fait, étant assez peu pourvu, des prodiges pour faire déjeuner les officiers d'un bataillon de chasseurs. Le brave homme avait été chercher quelques bouteilles vénérables pour qu'on bût au succès des opérations. Il y avait pourtant sur ses traits une grande tristesse, mal dissimulée, dont le commandant lui demanda la cause. Il ne répondit qu'en montrant discrètement une petite fille qui entrait, regardant avec curiosité ces uniformes qu'elle voyait pour la première fois. Cette enfant, gracieuse, d'ailleurs, était si pâle, semblait si fragile, n'ayant qu'un souffle de vie qu'on comprenait les angoisses de son père. C'était une condamnée.

Le commandant, pris de pitié, appela à lui la fillette, et s'efforçant de prendre un air de bonne humeur, lui parlant avec bonté, demanda à la pauvrette — qui serait bientôt une moribonde — ce qui pourrait lui faire plaisir.

Elle répondit qu'elle n'avait jamais entendu de musique militaire, ce dont elle avait grande envie.

— Eh bien, ma petite, dit l'officier, tu vas être satisfaite.

Il fit prévenir le chef de fanfare, et ce fut pour elle, devant la porte, une aubade, qui la ravit. Dans sa joie, un peu de rose revenait sur son visage. C'était une résurrection d'un instant. Emu de reconnaissance pour ce bonheur qui était donné à son enfant, mais ayant la vision de l'irrévocable, le père, dans un coin de la salle, sanglotait.

La colonne Logerot devait entrer sur le sol tunisien par Sidi-Youssef, qui était la frontière. Il y avait là un petit bordj délabré occupé par quelques soldats du bey, qui avaient été commandés par un officier en disgrâce, ancien marin. Il était soupçonné d'avoir été mêlé à la vente, à Malte, de l'unique bateau de l'Etat.

Quand nous arrivâmes devant Le Kef, le gouverneur, El-Réchid eut quelques velléités de résistance et refusa d'ouvrir les énormes portes de la citadelle. On décida aussitôt de les faire sauter, et quelques hommes de bonne volonté furent demandés pour ce travail dangereux. Or, — je rappelle ce trait sans chauvinisme, mais parce qu'il est la vérité, — tout le détachement du génie auquel on s'était adressé s'offrit pour cette opération.

L'énergique attitude de notre consul, resté à son poste, M. Roy, qui fut, plus tard, secrétaire général du gouvernement tunisien, sous le Protectorat français, décida El-Réchid à rendre la ville. Elle était alors extraordinairement pittoresque, entièrement arabe. Quelle défense eût pu faire la Casbah! Quand nous montâmes sur ses remparts, nous y trouvâmes — comme étonnés d'avoir été rechargés — de vieux canons du XVIᵉ siècle, autrefois enlevés par les pirates barbaresques aux vaisseaux de la Méditerranée. D'autres n'étaient que d'apparat, en bois.

Oui, étrange ville, alors, que Le Kef, dont quatre quartiers avaient jadis été abandonnés, à la suite d'une épidémie, et personne ne s'était jamais avisé de relever leurs ruines. Puis, un dédale de petites rues qui faisaient de la ville un labyrinthe; mais quelle couleur, sous le ciel d'un bleu superbe, à réjouir un peintre orientaliste!

Lemay et moi nous étions logés chez un vieux, un très vieux Juif nommé Elias Djaoui, qui nous accordait, en s'empressant autour de nous, une importance excessive. Le bonhomme, vêtu d'un cafton brun, nous faisait les honneurs d'une sorte de grange, comme s'il se fût agi d'un palais, en vantant, avec une imagination des plus riches, le problématique confortable, et contant que sa maison avait hospitalisé des voyageurs de marque.

M. Roy nous apprenait, en effet, que c'est là qu'avait logé Gustave Flaubert, alors qu'il rassemblait les matériaux de *Salammbô*, ce livre, qui, comme il le disait « avait failli le faire crever de rage ». Il nous raconta les mésaventures de Flaubert. Sous un costume mi-arabe, mi-européen, qu'il avait adopté, par une sorte d'ivresse du pittoresque, il se promenait dans un appareil si singulier que, lorsqu'il partit du Kef, il fut au bout de peu de temps arrêté par des cavaliers au service du gouverneur de la province, effarés de ses allures, qui, à leur sens, ne pouvaient être que suspectes. Tempêtant et jurant, il aggravait son cas... Prisonnier indigné, il ne fut délivré que lorsqu'on eut été instruit au bordj français le plus proche, celui d'Aïn-Guettar, de cette méprise.

J'interrogeai Elias Djaouï, qui, cherchant dans sa mémoire, finit par se souvenir un peu de son hôte d'autrefois, et le dépeignit par ces trois épithètes : grand, brusque et généreux.

Les clairons français sonnaient, des patrouilles passaient, une rumeur militaire emplissait la ville, mais ma pensée évoquait le prestigieux poème en prose de Flaubert, et, pour un instant, dans cette rêverie, au lieu des maisons sordides du Kef, je ressuscitais l'ancienne Sicca-Veneria et ses temples évanouis, remplacés par d'assez misérables mosquées.

Du Kef, la colonne campa à Souk-el-Arba,

où nous fûmes témoins du spectacle merveilleux pour des yeux neufs, d'une grande razzia, des spahis encadrant, en les forçant à galoper comme eux, des troupeaux de moutons, de bœufs, de chevaux et de chameaux, bêlant, mugissant, hennissant, blatérant. Puis on marcha sur Béja, après quelques fusillades. A Béja, notre camarade Séguin, que son journal, le *Télégraphe,* avait d'ailleurs laissé dans une situation critique (il avait trop de dignité pour l'avouer, mais on la devinait) fut assassiné par un fanatique qui lui porta un coup de couteau dans le ventre. Il mourut dans les bras de Renouard. Il avait été, malgré les qualités qui auraient dû le servir, toujours malchanceux.

Mais je ne vais pas raconter l'expédition, qui ne demanda un grand effort que dans la seconde partie de la campagne, à Sfax, notamment. Un souvenir, seulement, de notre entrée à Tunis, la Tunis du bey Mohamed-el-Sadok et de son favori Mustapha, la Tunis encore bien arabe, malgré son quartier européen, et qui avait son port à la Goulette. Tant qu'il se put appuyer sur la force, notre ambassadeur, M. Roustan, fit, jusqu'au dernier moment, l'épreuve des tergiversations orientales.

Mes camarades et moi, nous visitâmes, naturellement, le palais de Bardo devant lequel des soldats beylicaux, mal vêtus, montaient la garde en tricotant. A notre grande surprise, l'officier tunisien refusa le baschich que nous lui offrions. — Voilà, dîmes-nous, une fierté bien rare. Mais nous n'avions pas fait quelques pas pour nous retirer que ce capitaine, qui n'était guère moins misérablement habillé que ses hommes, courut après nous, et nous tendit la main.

— Mais, fit l'un de nous, tu as refusé, tout à l'heure.

— C'est, répondit-il, que mes soldats auraient vu votre geste, et que si j'avais accepté alors votre argent, j'aurais dû le partager avec eux.

Puis ce fut la Russie — six semaines de féerie. J'avais été désigné pour assister aux fêtes du couronnement du tzar Alexandre III. Quel abîme entre la Russie de ce temps-là et la Russie bolchéviste !

Nous étions dix journalistes, parmi lesquels Paul Bourde, un peu plus âgé que nous, Alexandre Hepp, chroniqueur du *Voltaire*, un géant roux, Denécheau, n'aspirant pas encore à la députation, et moi, nous formions un petit groupe. Paul Bourde, esprit sérieux, largement cultivé, devait quitter le *Temps* pour de hautes fonctions coloniales, à Madagascar et en Tunisie. Partout où il a passé, il a laissé le souvenir d'un clairvoyant administrateur.

Ces dix journalistes avaient un guide, russe d'origine, mais devenu très parisien, Pierre

de Corvin, le premier auteur des *Danicheff*[1],
car, après le succès de cette pièce à l'Odéon, il
obligea, par des procédés révélant quelque ingratitude, Alexandre Dumas fils à rappeler la
part qu'avait eue celui-ci à cet ouvrage. Pierre
de Corvin avait épousé une comédienne qui
n'avait pas laissé que d'être en vue quelque
temps, Stella Colas.

L'hospitalité officielle russe nous fut large :
il est probable qu'elle l'eût été davantage, si,
selon l'habitude, une partie du crédit consacré
à la réception des hôtes du gouvernement ne
fût restée entre les mains de ceux qui avaient
à l'employer. C'était la tradition.

Nous ne passâmes que trois jours à Saint-
Pétersbourg — qui était alors bien loin d'être
Léningrad — où, sous l'aimable conduite d'un
avocat, M. Boris Spiro, nous vîmes tout ce
qu'on pouvait voir en un temps aussi bref,
de la forteresse Saint Pierre et Saint Paul à
Saint Isaac, de la maison de Pierre le Grand
à Notre-Dame de Kazan. Le soir, on allait aux
Iles entendre les chœurs des bohémiens.

Il n'était pas question à cette époque de bol-
chévistes, mais de nihilistes. Boris Spiro ne
nous mystifia qu'à demi, sans doute, en affec-
tant de parler bas de récents complots, encore
que la pièce où nous dînions fût parfaitement

---

1. Une parodie des *Danicheff* fut donnée sous ce
titre : *Ossip, ou le cocher fidèle.*

close. Il n'avait pas manqué non plus de soulever les rideaux d'étoffe des fenêtres pour s'assurer que personne n'y était caché. Ce n'éétait guère là, toutefois, que l'exagération des précautions coutumières. En fait, la police, alors, était partout.

Puis nous partîmes pour Moscou, où allaient se déployer les magnificences du Sacre. Mes trois camarades et moi nous logions dans une grande rue de la ville, la Memniskaïa, chez une vieille dame qui nous avait fait cérémonieusement les honneurs des chambres mises à notre disposition. Elle avait veillé minutieusement à notre installation, ouvrant et refermant les fenêtres, soufflant sur un grain de poussière échappé à un soigneux époussetage, nous indiquant le bureau de poste et le Conservatoire spirituel, deux édifices qui devaient servir de points de repère à nos pas novices. Mais elle éprouvait, évidemment, le besoin de dire quelque chose encore, tourmentée par une satisfaction d'amour-propre. Elle se décida enfin.

— Je suis logeuse, fit-elle, dans un français zézayé, parce que les temps sont difficiles... mais j'ai un bien dans le gouvernement d'Orel... Ah, si mon intendant ne m'avait pas volée !

Elle nous avait fait alors un grand salut, contente d'avoir soulagé sa petite vanité, même à l'égard d'étrangers inconnus.

La première journée était libre; elle fut occupée, dans un milieu pittoresque vu avec des yeux neufs, à visiter avidement tout ce qui s'offrait à nous. Comment ne pas se hâter d'abord vers le prestigieux Kremlin, cœur de Moscou, en entrant dans ses murs crénelés par la porte qu'encadre la petite chapelle de Notre-Dame d'Ibérie, dont la statue se prêtait à des déplacements, dans un carrosse à quatre chevaux, chez les malades de qualité, l'implorant pour leur guérison. Et ce sont, sur une immense esplanade, ou dans ses innombrables cours, les quatre cathédrales du Kremlin, ses tours, ses autres églises dont celle d'une étrange architecture, de Vassili-Blagennoi, son gigantesque canon, le palais impérial... Mais que dire de cet extraordinaire Kremlin, où se trouve maintenant le tombeau de Lénine, qui n'ait été cent fois décrit?

Harassé, car, pour une première vue d'ensemble, je me suis aventuré dans la grande ville, je monte, selon l'invitation de la logeuse, au dernier étage de notre maison. De là, on domine une bonne partie de Moscou, et les milliers de coupoles, de dômes et de clochers, jouent pour les yeux une grande symphonie en vert majeur. Dans cette teinte uniforme et non monotone, pourtant, dont ils sont peints, il y a des verts pâles, passés, mélancoliques, et d'autres épais, solides, qui donnent une idée de force. D'autres verts sont éclatants et glorieux dans la fraîcheur de leurs tons, d'autres sont modestes, comme austères et édifiants. Toutes les gammes de cette couleur s'étalent ainsi, dominant les édifices dans les fantaisies architecturales de leur couronnement, et la pensée se plaît à interpréter arbitrairement les notes de ces verts multiples, en leur cherchant des comparaisons.

Cependant, le soir tombe lentement et les derniers rayons d'un soleil de mai se jouent sur ces nuances de même essence, qui deviennent plus disparates, sous l'effet de leur magie. Là, ce sont des émeraudes géantes qui scintillent, là des reflets vaporeux glissant, indécis, sur la surface des coupoles bulbeuses; là, ce sont des luisants veloutés de malachite, là des transparences glauques. Et peu à peu, le décor féerique change sous l'atténuation lente de la lumière, ses formes perdent leur netteté, quelques arêtes plus accusées subsistent seules, et il me semble que tout ce vert qui meurt, pâle ou sombre, dans le crépuscule, c'est quelque immense forêt aérienne, dont rien n'agite plus le feuillage mystérieux, qui s'enfonce maintenant dans la profondeur du ciel.

Tant de solennités d'une magnifique mise en scène: l'entrée du couple impérial au Kremlin, suivi d'un cortège éblouissant, le tzar à cheval, la tzarine dans un archaïque carosse d'or, cependant que les troupes, dont le régiment Pawlowski, coiffé de mitres, font la haie, et que le maître de police, Kaslov, cavalier aux promptes évolutions, armé d'un fouet de cosaque, maintient la foule docile, et d'autant plus docile, en effet, que la lanière du fouet cinglerait les curieux imprudents — les hérauts d'armes proclamant dans la ville le prochain couronnement — le sacre à la cathédrale de l'Assomption, cadre d'une richesse inouïe pour des pompes dont on peut à peine donner l'idée, — le tzar, revêtu des insignes impériaux descendant l'escalier rouge, semblant n'être plus un homme, mais l'incarnation du pouvoir absolu — le festin monstre offert par l'empereur à cinq cent mille de ses sujets qui, dans la plaine de Khodinskoë, reçoivent chacun un panier contenant un pâté chaud et des friandises, allant ensuite se désaltérer à un train, transformé en un inépuisable réservoir de bière — les cortèges fastueux où caracolent les asiatiques, venus des provinces les plus lointaines de l'Empire — la revue, imposante et où les cosaques se livrent à des prouesses d'équitation — l'inauguration de l'église du Sauveur — les repas donnés par la cité de Moscou aux régiments d'élite...

Qui eût dit que cette vénération d'un peuple pour ses souverains, que cette discipline de l'armée, que cette hiérarchie si strictement observée dussent s'effondrer!... Que de fautes ont amené cet effondrement!

Je me rappelle ce repas où des tables avaient été dressées pour quinze mille soldats du Préobrajenski, du Semenowski, du Pawlowski et d'autres corps de la garde. Des mets appétissants étaient servis sur ces tables, mais il n'était permis à ces quinze mille mâchoires de se mettre en mouvement qu'à l'arrivée de l'empereur, et celui-ci ne parut qu'après trois heures de retard. Les soldats, pour affamés qu'ils fussent, attendaient stoïquement devant les plats tentateurs.

Dans la rue, c'était partout le contraste du luxe le plus éclatant et de la misère. Mais ce peuple paraissait si soumis, avec tant de bonhomie! Il y avait bien, nous disait-on, des volontaires des acclamations, qui gagnaient consciencieusement quelques kopecks, mais ces « allumeurs » étaient facilement suivis. Cette masse était essentiellement respectueuse et ne pensait guère à la révolution que devait faire — toujours obéissante à des maîtres, quels qu'ils fussent, — une autre génération.

On était encore loin de l'alliance franco-russe, mais l'idée commençait à hanter certains esprits. Encore enveloppée de précautions, elle se manifesta dans un banquet que nous rendîmes aux journalistes russes qui nous avaient conviés à une cordiale réunion. Je me souviens d'un toast porté par un de nos confrères moscovites : — En 1812, dit-il, les Français ont pris Moscou; en 1814, les Russes ont pris Paris. Eh bien, au lieu de semer les germes d'une haine éternelle, il est arrivé, en réalité, que les Français ont été prendre le cœur des Russes et que les Russes ont pris celui des Français. » On fit, à mots couverts, des allusions à ce qui n'était encore qu'un rêve. Un de nos hôtes, qui ne savait pas le français, se leva et dit seulement: « Alsace-Lorraine! ».

Un des convives nous raconta une historiette significative du peu de sympathie témoigné alors aux Allemands. Des ouvriers, occupés à un travail dirigé par un contremaître allemand, avaient été régalés de bière par celui-ci, pour stimuler leur zèle. Après quelques libations, l'Allemand déclara qu'on venait de boire à la santé de Bismarck.

Les Russes se consultèrent rapidement du regard, et d'un geste unanime mirent un doigt au fond de leur gorge.

— Frères, avait dit le plus âgé d'entre eux, rendons Bismarck!

Je me suis attardé dans ces souvenirs, mais la Russie d'alors, la Russie aristocratique était tellement différente de celle d'aujourd'hui, que l'évoquer à cette époque, c'est entrer dans le domaine de l'Histoire. Dans une façade imposante, il y avait déjà bien des lézardes. Chez combien de hauts fonctionnaires la corruption était-elle une pratique courante. Il ne se faisait guère de marché de l'Etat sans que ceux qui le concluaient ne retînssent leur part.

Il y avait un moyen classique, sans une parole compromettante, de fixer la somme exigée pour que l'affaire se traitât. On comptait volontiers à l'aide d'un boulier. Le fonctionnaire, comme par un geste machinal, appuyait sa main sur le boulier et jouait avec les boules représentant des chiffres. Le soumissionnaire était-il d'accord avec lui, la main de l'autre cessait ce jeu; on s'était ainsi discrètement entendu. Hélas, on devait revoir cette manœuvre pendant la guerre de 1914...

IX

LE DERNIER DE LA « BOHÊME »

Je fis la connaissance du dernier survivant
de la Bohême de Murger à l'Ambigu, alors dirigé par Chabrillat, passé de la salle de rédaction du *Figaro* à un fauteuil directorial qui
ne devait pas se trouver, finalement, un siège
très commode. Il s'avisa, un jour que la *Vie
de Bohême* qu'il allait reprendre, ne devait pas
être loin de la cinq centième représentation et
qu'il serait bon de célébrer cette demi-mil-
lième. Oh! assez modestement, d'ailleurs, par
un simple à-propos. Les circonstances firent
que je fus chargé de l'écrire. Première rencontre avec le théâtre régulier, mais il arriva
une singulière aventure. A la veille de cette
« solennité », il fallut reconnaître qu'on n'a-
vait pu trouver un buste de Murger, alors qu'on
devait le couronner sur la scène. Ce ne fut
que plus tard, en fait, que fut inauguré, au
Luxembourg, un buste, d'ailleurs médiocre,

buste dont le crâne chauve paraît avoir la prédilection des oiseaux du jardin pour y déposer leur fiente. Peut-être quelques-uns se souviennent-ils que cette inauguration donna lieu à bien des discussions et divisa en deux camps ce qu'on appelait encore la Jeunesse des Ecoles. Un discours de ministre, tout en louant Murger, avait fort peu prôné la Bohême. Un banquet avait été organisé, mais des étudiants et de jeunes artistes trouvèrent que son admission y était trop coûteuse. C'était, à leur sentiment, un festin « bourgeois », et ils eurent aussi, eux, le même soir, leur banquet, mais dont le prix était fixé à deux francs. Ils estimaient qu'ils étaient plus près de l'Ombre de Murger qui, dans sa vie, avait mangé tant de vache enragée.

Donc, pas de buste de Murger, alors qu'il devait être couronné, chose essentielle, par les interprètes de l'à-propos.

— Arrangez-vous comme vous voudrez, me dit Chabrillat, je n'ai qu'un buste de Théodore Barrière.

Ce n'était pas du tout la même chose. Je pensais même que Barrière, trop homme de théâtre, avait, en transportant le livre à la scène, un peu gâté la *Vie de Bohême*. Que faire? Je dus donc excuser la carence de l'image de Murger, remplacée par celle de son adaptateur, et je fis terminer une petite tirade de Rodolphe par ces deux vers :

> Car les comédiens les plus zélés du monde
> Ne peuvent couronner que les bustes qu'ils ont.

Musette, c'était Léontine Massin, qui venait d'être la *Nana* de Zola, qui avait été une des plus jolies femmes du théâtre et dont la beauté blonde avait encore du charme.

Schaunard, c'était Georges Richard, acteur et aussi auteur, qui avait fait représenter à la Comédie Française une pièce intitulée les *Enfants*.

Si je parle de cette bagatelle de débutant, c'est pour évoquer la pittoresque figure de M. Schanne, qui, comme par devoir, ne manquait pas une représentation de la *Vie de Bohême*. M. Schanne, septuagénaire, notable commerçant, dirigeant une fabrique de jouets, ne vivait que dans la gloire d'avoir été le Schaunard de Murger, n'admettant pas que Murger eût pu, de son fait, apporter quelques traits à la physionomie de l'auteur de la *Symphonie sur l'influence du beau dans les arts*.

Cet excellent homme, parfaitement rangé, faisant de bonnes affaires, et dont la signature était respectée sur la place, était devenu, avec l'âge, un fanfaron de bohême. Après avoir soigneusement vérifié ses livres de caisse et assuré ses échéances, il passait son temps à raconter sur ses camarades d'antan et sur lui-même d'extravagantes histoires. Une fois sorti de son bureau, il ne s'occupait plus que de commenter la *Vie de Bohême*. Ses années de jeunesse revenaient chez lui comme une obsession, et il eût déclaré sa journée perdue, si, bon bourgeois bourgeoisant, il n'eût pas réussi à passer pour avoir été la terreur du bourgeois : c'était là son innocente faiblesse.

Les légendes vivent de vague : trop de précision les détruit. M. Schanne n'avait pas compris cela, et il détruisait la fantaisie du livre de Murger. Il en arrivait même, avec quelque dépit, à reprendre Murger d'inexactitudes, selon lui. Et ce n'était pas une chose peu comique que cette prétention de ne vouloir rien laisser à l'imagination de l'écrivain dont il avait été l'ami, et de ne pas admettre que si, par la plume de celui-ci, Schaunard était devenu un type consacré, la personnalité de M. Schanne était infiniment moins intéressante. N'est-ce pas, précisément, ce qui caractérise l'artiste que ce don de transformation de menues particularités auxquelles il donne du relief?

Quand on reprenait la *Vie de Bohême*, le théâtre semblait lui appartenir de droit. Il était chez lui, alors, et il ne fallait pas badiner! Il surveillait les répétitions et il rétablissait avec un soin jaloux certaines « traditions ». Il avait des vareuses qu'il prêtait à l'artiste chargé du rôle de Schaunard, les affirmant « authentiques »; il lui confiait sa pipe; il avait fait comparaître Georges Richard devant lui et l'avait « inspecté » comme un adjudant-major inspecte les hommes de garde. — Tenez, disait-il, j'avais l'habitude de faire ce geste, je passais ma main dans ma barbe... » Et il suivait avec émotion, de la coulisse, les premières répliques de l'acteur, comme s'il se fût uniquement agi de le représenter. Pour lui, le seul intérêt de la pièce était dans l'évocation de sa personne.

C'est ainsi que, à un âge où on s'assagit et où on ne contemple plus qu'avec un peu d'attendrissement un lointain passé, M. Schanne s'attardait dans le culte de la bohême — qu'il avait su pourtant quitter à temps, en homme pratique, comprenant qu'il valait mieux être un bon commerçant qu'un raté de l'art. Mais si sa vie était la plus correcte qui fût (et depuis longtemps) il transformait en une religion le souvenir de ces années aventureuses. Il hochait la tête, d'une façon méprisante, quand on racontait devant lui quelque frasque d'étudiant en belle humeur. — Peuh! s'écriait-il, et il racontait ce qu'il faisait, lui, quand, avec ses camarades, il voulait s'amuser. Il gardait quelque rancune à Murger de n'avoir pas rappelé que, un soir que ses amis et lui se trouvaient dans une avant-scène de petit théâtre, ils n'avaient rien imaginé de mieux que de quitter leurs chaussures pour les mettre aux mains, et d'applaudir ainsi gantés. « — Voilà comment nous étions, nous! » Et il ne s'apercevait pas que cette gaîté était périmée et que la

Bohême était encore plus loin dans les idées que dans le temps.

Il s'était grisé du succès d'un livre où il croyait, de bonne foi, être pour quelque chose, et, laborieux, rangé, prospère, il ne tenait qu'à son débraillement de jadis.

Figures qui repassent devant mes yeux! Et voici celles de deux camarades dont la destinée fut tragique, deux camarades de jeunesse, tous deux tués en duel. L'avenir s'ouvrait pour eux, ils avaient du talent, de la notoriété déjà : ils succombèrent, pareillement, dans une rencontre fatale.

C'était Robert Caze, qui, entre autres livres, avait donné cette *Semaine d'Ursule,* une suite ingénieuse d'évocations de la vie bourgeoise, aperçue à travers les six journées où une vieille fille, effacée et timide, allait faire, chez les uns et les autres, son métier de couturière et de racommodeuse.

L'autre victime du point d'honneur, ce fut Harry Alis, romancier et journaliste de grand avenir qui, à la suite d'un article paru dans les *Débats,* conclusion d'une polémique très vive sur une question coloniale, fut blessé mortellement dans une rencontre. Il laissait un livre curieux, *Quelques fous,* où ses personnages étaient sur la limite indécise de l'aliénation mentale constatée. Un autre livre de lui, *Miettes,* attestait un scepticisme littéraire ne correspondant pas à ce qu'il y avait, dans sa vraie nature, d'actif et de généreux.

Quelles destinées diverses ont eues ces amis d'autrefois, les uns mourant trop tôt pour avoir donné leur mesure, d'autres sombrant dans la grande mêlée quotidienne, d'autres poursuivant une carrière heureuse, soit qu'elle eût des bonds subits, soit qu'elle se continuât dans la régularité. Que de foi, que d'ardeur dans ces petits cénacles qui n'étaient pas que des associations pour se faire valoir les uns les autres !

Une de ces amitiés que trancha seule la mort fut celle que je formai avec Hugues Le Roux, qui devait terminer son existence, alors que rien ne faisait prévoir cette brusque fin, comme sénateur de Seine-et-Oise. Il y avait, quand je le connus, peu de temps qu'il était arrivé du Havre, avec la fermé volonté de conquérir Paris. Il était bien armé par de fortes études ; nul n'était plus vivant que lui et il avait de grandes ambitions ; il les satisfit à peu près toutes, ayant été un écrivain classé et, en même temps, un homme d'action. Il fut aussi un grand voyageur, et il n'avait pas peu de fierté, après son séjour en Abyssinie, de son nom donné à une montagne éthiopienne ! D'esprit souple, aventureux autant que tenace, prompt à saisir l'occasion, il tenait à son origine normande, mais, pour se déclarer plutôt « Northman », pensant sentir en lui le sang des Vikings qui, dans

leurs nefs, ayant un dragon à leur proue,
avaient jadis mis le pied sur le sol de la Nor-
mandie. Il avait changé son prénom de Robert
en celui de Hugues, plus batailleur. En débarquant à Paris, muni de diplômes qui lui sem-
blèrent bientôt assez vains, il ne connaissait
que Jules Lemaître, qui avait été son professeur au lycée du Havre, — un professeur n'é-
tant guère plus âgé que ses élèves. Nos relations cordiales s'établirent à la suite d'un article que je fis dans le *Gil Blas* sur un de
ses premiers livres, l'*Attentat Sloughine.*

Nous avions les mêmes curiosités, et les mêmes sujets d'articles nous tentaient. Il était à
la *République française,* avant d'entrer au
Temps; c'est ainsi que nous allâmes souvent
ensemble, à la Salpétrière, où Charcot était le
grand clinicien de l'hystérie. En fait, on a
vu qu'il la développait chez ses sujets, car,
depuis qu'on n'en parle plus, elle semble avoir
disparu. On sait avec quelle attention l'opinion suivait ses expériences, et les profanes
eux-mêmes s'occupaient des débats de l'Ecole
de Nancy et de celle de la Salpétrière. Il n'y
avait pas de procès criminel où on ne mît en
avant l'hypnotisme : il devait, notamment, être
invoqué, dans l'affaire Eyraud, pour Gabrielle
Bompart, ayant si gracieusement noué un cor-
don de rideau autour du cou de l'huissier
Gouffé, étranglé par son complice, qui mit
dans une malle le cadavre de la victime, payant

cher un passe-temps galant. Les phénomènes que produisait Charcot sur ses sujets, dont il abolissait la volonté, paraissaient singulièrement troublants. Que de discussions engagées à propos du fameux « crime de laboratoire », l'hypnotisée, dûment suggestionnée, s'avançant vers une personne désignée, avec ordre de la tuer, un coupe-papier remplaçant le poignard qu'elle était censée avoir dans la main, Le premier, je pense, Jules Claretie avait, dans un roman, tiré parti de ce merveilleux scientifique.

Je connaissais le chef de clinique de Charcot, le docteur Gilles de la Tourette, qui avait accumulé, au cours d'études opiniâtrément poursuivies, les titres lui permettant les plus légitimes prétentions (ce qui ne l'avait pas empêché de consacrer un volume de recherches définitives à Théophraste Renaudot, le père du journalisme).-Par lui, nous avions, en quelque sorte, nos entrées à la Salpétrière, et il nous faisait assister à des scènes qui semblaient fantastiques. Que ces expériences aient fini par déterminer une bohême hystérique, c'est chose assez vraisemblable, mais l'Ecole de la Salpétrière abordait des champs inexplorés ou qui ne l'avaient été qu'empiriquement. Les trois volumes du *Traité de l'hystérie* de Gilles de la Tourette disent les doctrines qui étaient alors celles de la Salpétrière et restent, par là, un document précieux.

Quelle fin cruelle devait avoir ce grand travailleur, alors qu'il était parvenu au sommet de la hiérarchie médicale! Spécialiste des maladies nerveuses, il eut affaire, un jour, à une cliente démente qui tira sur lui un coup de revolver : il fut atteint à la tête. Il guérit de cette blessure, mais ce ne fut qu'en apparence. Ce cerveau, si solidement organisé, avait été ébranlé, cet esprit si lucide s'était obscurci.

Il y avait longtemps que je n'avais vu le docteur. C'est la vie de Paris. L'amitié persiste, avec ses bons souvenirs, et on reste des années sans se rencontrer. J'étais devenu directeur du théâtre de l'Odéon, et je donnais, le samedi, à cinq heures, de brèves représentations, ou, parfois, je faisais jouer des pièces présentant des côtés curieux. André de Lorde m'avait apporté un acte mettant à la scène, non sans intensité dramatique, une histoire qui se rapprochait du cas pathologique de la « Dormeuse de Thénelles » : une femme se réveillait d'un sommeil de plusieurs années ; tout avait changé autour d'elle.

Gilles de la Tourette avait particulièrement étudié le cas de la « Dormeuse ». Je pensai à lui demander de donner au public quelques notions sur un sujet que nul ne connaissait mieux que lui. Et il commença, en effet, de la façon la plus attachante, écouté comme il devait l'être, pour avoir, plus avant qu'un autre maître, porté la lumière sur de difficiles questions... Soudain, il sembla perdre pied; il s'égara dans des digressions imprévues; il leva, comme en un défi, le verre d'eau de la table du conférencier. On s'étonna, puis les spectateurs, ne devinant pas le drame qui bouleversait une belle et forte intelligence, traduisirent leur surprise par des rires et s'impatientèrent. Lui, comme s'il ne s'apercevait pas de l'orage, continuait à se lancer dans des divagations, insensible aux signes que, de ma loge, je lui adressais. Ce fut un moment extrêmement pénible, sans qu'il y eût moyen (il parlait devant le rideau) d'intervenir pour faire cesser cette scène qui exposait à des manifestations plus que narquoises un homme que ses travaux et que son caractère avaient fait respecter.

Après cette secousse cérébrale, il sembla recouvrer sa lucidité, mais peu de temps s'était écoulé que, en Suisse, où il avait été chercher le repos, la folie se déclarait, évidente, et il ne devait pas tarder à succomber. Le Destin fut bien injuste envers lui, et sa disparition était une grande perte pour la science.

C'était le temps où Melchior de Vogüé avait révélé les grands romanciers russes, et où le bon M. Dérély, qui avait appris le russe à Paris, les traduisait. Je le revois avec son nez accentué et sa barbe de fleuve. Il fut un initiateur, à l'égard duquel on montra quelque

ingratitude, quand parurent d'autres traductions. Il avait ouvert la voie. Pour lui, il ne
put jamais réaliser son rêve, qui était de connaître cette Russie qui avait été l'objet de ses
patientes études, dont les écrivains significa-
tifs avaient été propagés en France par ses
soins.

La lecture de *Crime et Châtiment* avait,
comme on sait, produit une profonde impression. Un jour que nous causions, à la table
de Hugues Le Roux, de cet extraordinaire roman (je me rappelle que Jules Lemaître avait
dîné avec nous) je proposai à mon camarade
d'essayer de porter à la scène cette œuvre dont
la complexité n'effrayait pas notre jeune audace. Jules Lemaître ne fut pas très encoura-
geant pour ce dessein que nous avions formé.
Il faisait des réserves sur l'enthousiasme
qu'inspirait Dostoievski, et la Sonia du roman
lui paraissait proche parente de la Fleur-de-
Marie des *Mystères de Paris*. Nous ne nous
en mîmes pas moins à l'œuvre, si occupés que
nous fussions, l'un et l'autre, par nos journaux (j'en avais quatre, par ma part).

Nous travaillâmes parfois à ce drame, en
des parties de journées dérobées à l'urgente
copie, chez le peintre Jules Garnier, dans sa
maison de Sèvres, alors en plein bois. Le Roux
arrivait venant de chez un dompteur, un gym-
naste, une écuyère, car il s'était engagé à donner son livre sur les *Jeux du Cirque*, qu'illus-

trait Garnier. Il rapportait toujours quelque piquant document, comme cette carte de visite qu'il nous montra, ainsi libellée

Signor Chiarini
père de la célèbre Emilia Chiarini

Nos huit tableaux achevés, il s'agissait de les faire représenter, et ce fut la période des démarches. C'est à l'Odéon que nous songeâmes. Porel en était alors le directeur, plein de bonnes idées, volontiers entreprenant, novateur en fait de mise en scène, attentif aux mouvements qui se dessinaient. Il fallait, toutefois, le décider. Ce ne fut pas sans d'assez longs pourparlers. Enfin, il reçut la pièce, et il nous donna même une belle distribution, Paul Mounet en tête.

Comment, fût-ce après tant d'années, ne pas garder un souvenir reconnaissant à cet artiste au tempérament fougueux qui, avant de passer à la Comédie Française, faisait à l'Odéon une de ses dernières créations. Il fut tout de suite notre ami, nous soutint, nous apporta le réconfort de sa flamme. Je me souviens que, un après-midi, avant la répétition, il nous poussa vers un coin du plateau. « — Je l'ai vu! nous dit-il. — Qui donc? demandâmes-nous. — Mais, lui, Raskolnikoff, l'étudiant assassin de votre pièce. J'étais seul dans mon cabinet de travail, j'écrivais une lettre. La porte s'est ouverte soudain: il est entré, m'a longuement regardé, puis il s'en est allé. Mais j'ai devant les yeux son visage émacié, torturé, ses yeux brûlant de fièvre, et je garde la vision de sa pelisse de fourrure, en loques, trop large pour sa maigreur d'homme qui a connu la faim. »

Il reproduisit, en effet, d'une façon saisissante, cette figure dont il avait eu la hantise! Il s'entraînait, il maintenait son état fébrile par le jeûne. Peut-être ne fut-il pas toujours aussi sobre qu'à cette époque, mais, alors, il avait des périodes d'ascétisme.

Sonia, c'était Alice Panot, frêle, charmante, douloureuse. Elle devait se survivre au théâtre dans la personne de sa fille, Mme Pierat.

Quand on pense que l'on pouvait considérer comme une inquiétante hardiesse une réplique de Marmeladoff, d'ailleurs dans le texte de Dostoievsky :

— Et maintenant, direz-vous que je ne suis pas un cochon!

On en a vu bien d'autres, depuis! Le comédien expérimenté qu'était Montbars avait peur, cependant, de cette réplique, mais elle passa.

On nous fit, à Le Roux et à moi, l'honneur de discuter la pièce. Certains trouvèrent que nous avions été trop audacieux, d'autres que nous avions été trop timides. C'est le lot habituel. *Crime et Châtiment,* joué ensuite à Bruxelles par Henry Krauss, fut repris deux fois à l'Odéon, Raskolnikoff étant interprété par Yonnel et par Belpétré.

Qui m'eût dit quand je pénétrais non sans émotion dans le cabinet de Porel, que ce cabinet, d'où les regards plongent sur le Luxembourg, serait un jour le mien!

X

FIGURES D'AUTREFOIS

A défaut de services éclatants, j'ai l'ancienneté dans la critique. J'avais succédé à Catulle Mendès au *Petit Parisien*. C'était déjà un journal de grande importance que dirigeait M. Piégu, un petit homme qui poussait la correction jusqu'à sembler verni des pieds à la tête, fort actif d'ailleurs, plein d'idées, secondé par un précieux administrateur, M. Manceau. Mais si le journal avait un imposant tirage, élargissant de plus en plus son action, la maison qui l'abritait ne ressemblait pas au vaste édifice d'aujourd'hui, ayant englobé peu à peu toute une partie de la rue d'Enghien. On accédait encore aux bureaux par une vieille porte cochère. M. Piégu, un peu plus tard, fit vitrer une cour, le long de laquelle étaient disposées des manières de cellules destinées aux rédacteurs. Un balcon les réunissait, d'où l'on pouvait contempler une salle meublée d'une énorme table, autour de laquelle se groupaient ceux qui n'avaient pas encore droit à une cellule.

Le secrétaire de la rédaction d'alors était Casimir Bouis, qui, pour sa collaboration au *Cri du Peuple,* pendant la Commune, avait eu surtout, comme rémunération, dix ans de déportation en Nouvelle-Calédonie. C'était le plus pacifique des hommes. Piégu avait ouvert son journal à quelques anciens « communards », fort apaisés par les épreuves qui avaient suivi, en une impitoyable répression, leurs fougueux emballements de jeunesse: Ernest Vaughan, futur directeur de l'asile des aveugles; Tabaraud, qui, après avoir été, à vingt ans, magistrat de la Commune, traduisait en vers l'*Intermezzo* de Henri Heine; Alphonse Humbert, un des trois du *Père Duchesne,* qui, pour des articles, avait connu les souffrances du bagne.

Alphonse Humbert devait être, comme on sait, président du Conseil municipal. Eloquent, lettré, resté spirituellement batailleur, il avait dix ans à rattraper. Il avait parfois, malgré ses fonctions, l'âge du moment de son arrestation. Je le rencontrai un soir, à pied, dans la rue du Faubourg-Montmartre, habillé en Pierrot, se rendant, accompagné d'une amie, à un bal masqué. — « Ne le dites pas, fit-il, en me voyant. Je me crois encore étudiant. » Humbert n'en recevait pas moins très dignement des souverains à l'Hôtel de Ville. Il avait la popularité, il était sympathique même à ses adversaires. Quelle fâcheuse inspiration eut-il de verser dans le boulangisme et de ruiner ainsi sa fortune politique!

On sait par quel artifice un policier le fit reconnaître et arrêter. Humbert niait son identité, ce qui était assez compréhensible après l'implacable répression de la Semaine sanglante. L'homme qui le suspectait d'être ce qu'il était s'arrangea de façon à mettre le journaliste recherché en présence de la mère de celui-ci. — Mon pauvre enfant! s'écria Mme Humbert, ne soupçonnant pas le piège, comme j'ai été inquiète de toi!!

Je devais connaître un certain nombre de ceux qui avaient joué un rôle pendant la Commune, dont ne relèvent guère les communistes actuels, Giffault, qui avait été le secrétaire de Raoul Rigault et qui était cartographe chez Hachette, Da Costa, attaché à une librairie et qui écrivait des livres d'histoire, Maxime Vuillaume, un du *Père Duchesne*, lui aussi, qui a laissé ses émouvants *Cahiers rouges*. Destinées loin de leur point de départ ! Edgar Monteil, devenu préfet, retrouvait, quand il avait affaire au ministère de la Guerre, le cabinet qu'il occupait comme officier d'ordonnance de Delescluze. Lucipia finit comme directeur de l'asile de Villejuif. Il rappelait qu'il avait trouvé asile quelque temps chez un petit commerçant, qui le faisait passer pour un peintre en bâtiment, chargé de repeindre sa boutique: ce à quoi il était si peu expert que sa maladresse à dessiner les attributs d'une fruiterie attira l'attention sur lui. Le vieux héros Cipriani, qui avait été de toutes les insurrections des deux mondes et je ne sais combien de fois condamné à mort, attestait, par sa fière pauvreté, le désintéressement avec lequel il avait servi toutes les causes de révoltés. Il me raconta comment, revenu de la Nouvelle Calédonie, il avait voulu, lui qui, pourtant, avait l'âme trop généreuse pour venger ses injures personnelles, se retrouver face à face avec le commandant du navire conduisant vers l'exil les transportés: celui-ci avait accablé le vaincu d'indignes outrages. Aussitôt débarqué à Brest, Cipriani s'enquit de lui. Un commis de la marine consulta un registre : ce commandant était mort depuis quelque temps. Le proscrit, qui avait vécu dans la pensée de se redresser devant l'inhumain officier, ne put retenir une larme. — « Si j'avais su que cette nouvelle dût tant vous affliger, dit le commis, s'abusant sur la raison de cette déception, j'aurais mis plus de ménagements pour vous l'annoncer. » Gaston Lemay était consul de France. Il se souvenait que, arrêté bien qu'il n'eût pas eu de fonctions pendant la Commune et conduit à

Versailles, le capitaine qui commandait le convoi de prisonniers avait donné à ces malheureux exténués, comme on arrivait devant la statue du grand roi, cet orde étrange :

— A genoux devant Louis XIV!

Mais je ne tiens pas très fermement mon propos, comme écrivait Montaigne, qui, lui, avait le droit de laisser vagabonder son esprit. Encore déclarait-il que « personne n'est exempt de dire des fadaises ». Je voulais, faisant abstraction de ma modeste personnalité, évoquer le petit monde de la critique quand j'y pris place. Des noms survivent ou ne sont pas tout à fait oubliés. Paul de Saint-Victor, ayant droit, lui aussi, au titre de magicien ès-lettres, avait disparu, et Théodore de Banville ne ciselait plus ses feuilletons du *National*. Mais il y avait Auguste Vitu, resté très « second Empire », d'une érudition qui s'attestait dans ses articles du *Figaro;* Henry Fouquier, avec sa belle barbe blonde, élégant, d'apparence nonchalante, bien qu'il fût l'écrivain le plus occupé; Henry Becque, critique intermittent, mais toujours mordant quand il reprenait sa férule; Hector Pessard, figure — physiquement — de bourgeois du temps de Louis-Philippe, mais spirituellement réactionnaire, passant de la critique des gouvernants à celle du théâtre; Albert Delpit, au poil roux, fougueux, chevaleresque, d'un tempérament de paladin; Henry de Pène, le monocle dans l'œil,

le visage impassible, même quand sa parole
s'animait; Henry Maret, à la barbe broussail-
leuse, mais armé d'une fine plume de polémiste; Armand Silvestre, tour à tour rabelai-
sien et lyrique, qui, à l'*Estafette,* défendait les
poëtes, tout en souriant d'un vaudeville; Coppée qui, dans son feuilleton de la *Patrie,* rem-
plaçait volontiers l'analyse d'une pièce le laissant indifférent par des rêveries et des souvenirs; Emile Blavet, qui, même lorsqu'il était
jeune, avait toujours été « un vieux Parisien »,
bien qu'il ne fût pas né à Paris. Et c'étaient
encore Edouard Fournier, qui savait tout, ou
presque tout; Henry Bauër, un géant maniant
une massue; le scrupuleux Léon Bernard De-
risire, toujours inquiet d'une virgule peut-être
oubliée dans son article; Paul Perret, dont les
coups de pattes, dans la *Liberté,* étaient donnés courtoisement, mais n'en étaient pas moins
 donnés; Henri de Lapommeraye, avec ses
moustaches gauloises, ayant, sans doute, dans
la journée, fait deux ou trois conférences;
Louis Besson, dont la corpulence souffrait de
l'exiguité de son fauteuil d'orchestre; Adolphe
Brisson, faisant, amusé de tout, curieux de
tout, ses premières armes dans le *Parti National;* Camille Le Senne, dans la force de l'âge
et se plaisant déjà à se considérer comme un
vétéran; Francis Chevassu à la plume acérée;
Louis Ganderax, philosophant à la *Revue des
Deux Mondes* sur les choses du théâtre, alors

que René Doumic creusait, au *Moniteur*, les sujets des pièces qu'il écoutait attentivement; Jules Lemaître, d'apparence un peu lasse, sa cravate lavallière nouée avec un semblant de négligence, mais qui, dans son feuilleton attendu des *Débats*, attestait sa verdeur et sa subtilité d'esprit, cruel parfois avec grâce, ne dédaignant pas les petites scènes, quand il voyait dans leur spectacle un thème à brillantes variations; Anatole Claveau, qui passait de l'arène politique où il était témoin professionnel des batailles parlementaires, au théâtre; le gros et chauve Bernheim, affairé et se donnant de l'importance; Emile Faguet, alors au *Soleil*, futur académicien, ne se piquant pas de dandysme, professant et écrivant inlassablement. D'autres encore, cependant que Sarcey, n'ayant jamais manqué le moindre lever de rideau, arrivé le premier au théâtre, quel qu'il fût, s'installait dans son fauteuil, dont il ne bougeait pas pendant les entr'actes, les deux mains appuyées sur sa canne.

De l'administration du *Petit Parisien* relevait une publication, la *Vie populaire*, paraissant deux fois par semaine, dont la conception était ingénieuse : elle donnait la reproduction, généralement immédiate, d'œuvres d'écrivains en renom. Plusieurs romans paraissaient ainsi dans ses colonnes, faisant place aussi à des contes. Elle avait une tenue littéraire d'où lui venait son succès. Les circonstances firent que je succédai encore dans sa direction, que M. Piégu voulut bien me confier, à Catulle Mendès. M. Jean Dupuy, après la mort de M. Piégu, me confirma dans ces fonctions. Il y avait, dans la maison, une autre publication, le *Monde inconnu,* journal de voyages que dirigeait Victor Tissot, l'auteur du *Pays des Milliards,* un livre qui avait dû à son opportunité un prodigieux succès de librairie. Si je parle de Tissot, avec lequel j'entretenais de cordiales relations, c'est en me rappelant une scène assez singulière dont je fus le témoin. J'avais reçu, dans mon bureau, la visite d'Abraham Dreyfus, qui avait débuté au théâtre par un monologue dit par Saint-Germain, *Un Monsieur en habit noir,* et qui, maintenant, était joué fréquemment. Victor Tissot entra. La conversation s'engagea sur des sujets du moment. Puis Dreyfus s'en alla. Ce fut pour reparaître un instant après, certaine réflexion lui étant venue à l'esprit pendant qu'il descendait l'escalier.

— Monsieur, dit-il à Tissot, je me suis entretenu avec vous et, en parlant, je vous ai donné une poignée de main. J'avais perdu de vue tout le mal que vous avez dit des Juifs : j'en suis un, et cette poignée de main, je la retire.

Et il s'en alla, sur cet « effet ».

Le petit bureau de la rue d'Enghien, où

on me donna comme secrétaire Henri de Weindel, le futur rédacteur en chef d'*Excelsior*, m'est resté cher dans mes souvenirs. La tâche était agréable, qui me mettait en rapports avec des maîtres et de grands aînés et, aussi, avec des dessinateurs, car la première page était illustrée.

J'avais connu Monselet, quelques années auparavant à l'inauguration d'un casino, à Aix-les-Bains. Il était encore doué de son bel appétit. Mais je le revis, près de sa fin, n'étant plus que l'ombre de lui-même et, cruelle ironie pour le gourmet qu'il avait été, son estomac ne supportait plus aucune nourriture. Lui qui, en un temps de florissante santé, avait célébré la mort par l'indigestion! Cet aimable épicurien s'était contraint à travailler presque jusqu'à sa fin et son dernier roman, *Jean de la Réole*, paraissait pendant son agonie.

Romancier puissant de l'*Abbé Tigrane*, qui ne fut pas mis au rang qu'il avait le droit d'occuper, Ferdinand Fabre prenait la peine de monter souvent l'escalier de la rue d'Enghien, de son pas un peu lourd. Il y a de lui, sur ses Cévennes natales, des pages admirables de couleur, comme le *Noël des bêtes*, dans *Xaviére*. Il parlait de ses vacances, passées aux bords du lac d'Annecy, où il retrouvait son ami André Theuriet.

— Ce bon Theuriet, disait-il, je l'aime beaucoup... D'ailleurs, ajoutait-il, avec ce qu'il y avait d'un peu onctueux en lui, il n'a aucun talent.

Je revois Hector Malot, toujours soucieux de la tenue de ses romans, composés dans son ermitage de Fontenay. Sa barbe noire grisonnait alors. Un jour, il alla demander au ministre de l'Instruction publique la croix pour un confrère. — Mais vous-même, lui dit le ministre en regardant la boutonnière de son interlocuteur, comment ne l'avez-vous pas? — Ma foi, dit Malot, je n'y avais pas plus pensé que vos prédécesseurs. — Eh bien, j'y pense, moi! Vous n'allez pas me la refuser parce qu'elle vient tard? — A la condition que vous me donnerez aussi celle que j'étais venu solliciter pour un autre.

Que de figures se représentent : Jean Aicard, noir de barbe et brun de peau, qui avait lu chez Mme Adam, avec son accent, son poème de *Miette et Noré,* où le Rhône faisait « zou », et qui préparait son *Père Lebonnard,* futur objet de discorde entre la Comédie Française et lui. Champfleury, frileusement emmitouflé dans son pardessus, Champfleury, alors administrateur de la Manufacture de Sèvres, qui avait eu toutes les curiosités, ayant été un initiateur dans bien des domaines de la littérature et de l'art. Il avait bataillé pour le réalisme et l'ancien camarade de Murger, avec qui, jadis, il avait partagé un modeste logis, ne s'en était pas moins plu dans le royaume de la fantaisie. Il était le dernier qui pût parler de Deburau et des Funambules. On sait que ce fut dans ses papiers que Paul Eudel trouva le thème de la *Statue du Commandeur,* rendant une vogue passagère à la pantomime, cette *Statue du Commandeur* qui était d'une si bouffonne invention en donnant un dénouement inattendu à *Don Juan* : son hôte spectral acceptait le souper que lui offrait le grand séducteur et y faisait si bien honneur qu'il se grisait... Mais Chamfleury était devenu morose. Son dernier livre, la *Comédie de l'Apôtre,* était une manière de pamphlet contre les rêves de transformation sociale.

Sur son déclin aussi était Albéric Second, l'auteur de la *Semaine des Quatre Jeudis,* bien que, bonapartiste impénitent, il eût toujours assez fière mine, gardant, avec ses moustaches à l'impériale, l'aspect d'un vieux général.

Albéric Second avait bien été de son temps. Il était amusant de questionner ces témoins d'une autre époque, de chercher un lien entre des générations entre lesquelles il y avait tant de différences.

Les intérêts de la *Vie populaire* me menaient chez Alphonse Daudet, accueillant en son appartement de la rue de Bellechasse comme en celui de la rue de l'Observatoire, chez Edmond de Goncourt, à la villa Montmorency; chez Ludovic Halévy, habitant, rue de Douai, la même maison que Jules Claretie. Halévy, qui avait eu le don de la fantaisie, avec la distinction qui lui était propre, avait aussi celui de l'observation. Des carnets, riches de notes, sur les hommes et les événements, eussent été bien précieux, s'il eût consenti à les laisser publier, mais il les gardait pour lui, n'en montrant parfois qu'une page, pour la précision d'un souvenir.

Goncourt et Daudet me rappellent un dîner auquel j'avais été convié chez l'éditeur Georges Charpentier, le prédécesseur de Fasquelle. Zola se trouvait là aussi. Les chefs de trois grandes écoles littéraires se trouvaient donc réunis, mais Charpentier avait invité aussi M. Macé, qui exploitait abondamment ses souvenirs de chef de la Sûreté dans des livres où, ayant épuisé la matière de ses succès policiers, il finit par conter comment il avait raté la capture des coupables dans de retentissantes affaires criminelles. Excellent homme, d'ailleurs, le nez chaussé de lunettes, la barbe rare, qui avait été rousse, mais trop plein de son sujet. Pendant le dîner, ni Zola, ni Goncourt, ni Daudet, ne purent placer un mot. M. Macé parlait inlassablement, persuadé de l'intérêt de ce qu'il narrait: c'était, selon lui, bien autrement important que ce qu'eussent pu dire trois maîtres de la littérature.

Après tant d'années, pourquoi une anecdote qu'il mêla à ses histoires policières, me revient-elle à la mémoire? C'était après la bataille de

Champigny. Un photographe avait été mandé
pour aider à l'identification des morts. Il bra-
qua son objectif sur le tas de cadavres, et,
entraîné par l'habitude, il prononça la formule
traditionnelle :

— Ne bougeons plus!

Je ne vis qu'une fois Renan, dans son cabinet de travail du Collège de France, encore
que, à cette époque, il se laissât facilement in-
terviewer sur toutes sortes de questions, fussent-elles les plus étrangères à celles qu'il
avait traitées. (Un rédacteur du *Gil Blas*, Leroy, avait notamment accoutumé, sans embarras, de l'interroger à propos de tout). C'était
le temps où le penseur qu'il était se mêlait à
la vie, qu'il n'avait contemplée que de la hauteur de son esprit, avec une sorte de bonne
humeur émerveillée, et où Jules Lemaître le
faisait se rencontrer, dans un dîner, avec une
chanteuse comique de café concert, pour laquelle il trouva des paroles onctueuses, qui, à
la surprise de son interlocutrice, intimidée
malgré son habituel aplomb, ennoblissaient le
rôle de ceux qui font rire.

Je venais traiter avec lui pour la reproduction de l'*Abbesse de Jouarre*. Il fit un geste
dédaigneux quand je lui parlai des conditions.
Il semblait qu'elles lui fussent indifférentes.

— Je vais, me dit-il, vous donner une lettre
pour mon cher Calmann-Lévy... Et il écrivit,
en effet, cependant que je considérais avec

respect ce cabinet, dépourvu de toute ornementation, où étaient nées tant d'œuvres longuement méditées, jusque dans leurs ondoyants points de vue. Il me remit la lettre, après en avoir fermé l'enveloppe. On me la montra à la librairie, pour appuyer, dans un petit débat qu'il était de mon devoir de soutenir, les exigences de l'éditeur. Je me souviens qu'elle était ainsi conçue : « Voici M. Ginisty, qui vient pour convenir du droit de reproduction de l'*Abbesse* dans son journal. *Demandez-lui un bon prix.*

Que reste-t-il des romanciers qui eurent alors une grande vogue, Léon de Tinseau, Henry Rabusson, Jules de Glouvet, Albert Duruy?

Mais la *Vie Populaire* publia aussi de l'inédit : trois des romans d'Emile Zola parurent ainsi dans ses colonnes, avant la publication en librairie. Le dernier fut la *Bête humaine.* Zola, que je devais revoir souvent plus tard, dont les témoignages de sympathie qu'il voulut bien me donner me restent précieux, n'était un homme terrible que pour ses épreuves. Quelque diligence que j'imposasse aux compositeurs, il trouvait toujours qu'elles ne lui parvenaient pas assez tôt, et un mot de lui, me pressant pour les avoir, m'arrivait constamment pour me rappeler des obligations que j'étais loin d'avoir oubliées.

De quelles injures, à ce moment, Zola payait-il sa renommée! Henry Céard collectionnait les caricatures, dont les plus douces étaient celles qui représentaient le chef de l'école naturaliste en égoutier ou en vidangeur. Zola souriait; n'a-t-il pas écrit une page où il disait qu'il était bon, pour l'exercice de la volonté, d' « avaler un crapaud » tous les matins.

Il y avait place aussi à la *Vie populaire* pour des nouveaux venus dans les Lettres, dont Paul Adam, qui vint, un jour, accompagné de Jean Moréas, son aîné, celui-ci tout noir, très barbu, un monocle rivé sur son œil ténébreux, Paul Adam, imberbe, avec de grands cheveux. L'un et l'autre devaient donner de l'éclat et de la noblesse à leur nom, mais ils m'apportaient alors un recueil de nouvelles, le *Thé chez Miranda,* et la première de ces nouvelles commençait ainsi : « C'était l'hivernale nuit et ses buées et leurs doux comas. Quartier Malesherbes, boudoir oblong, en la profondeur violâtre du tapis, de cycloïdes bigarrures. En les froncis des tentures, l'inflexion des voix s'apitoie... » etc. C'était bravade de jeunesse; Moréas devait être honoré comme un poète, vraiment aimé des dieux de l'Hellade et Paul Adam comme un puissant romancier et remueur d'idées.

Mais c'était le temps des écoles symbolistes qui allaient provoquer d'autres mouvements. Ce que disait un de leurs théoriciens, pouvait s'appliquer à la prose autant qu'à la poésie : « Elle doit être incompréhensible à ceux qui n'ont point assez l'amour des jouissances esthétiques pour leur dédier longuement toute leur âme. Il faut la faire temple, très hautain, fermé aux lâches de l'art ». Le temps a fait sa sélection parmi ceux qui proclamaient ce principe, a dégagé ce qui pouvait être retenu de professions de foi aventureuses, et certains, surtout, ont consenti à plus de clarté. Les principaux organes des novateurs, bientôt divisés en groupes qui ne se regardaient qu'avec quelque défiance, étaient la *Pléiade* et la *Vogue*. A la *Vogue*, que dirigeait Gustave Kahn, écrivain très précis quand il a voulu l'être, collaboraient Jules Laforgue, celui-ci un véritable poète, malgré les obscurités de son *Concile féerique*, Charles Vignier, Charles Morice. A la *Pléiade*, Paul Roux le Magnifique donnait sa *Brève Surhumanité*.

L'Homme, Titan tombé d'un faîte inaccessible...
Il garde en son regret le chancre immarcescible
Du Jadis remembré, baume au centre des pus...

Pierre Quillard y publiait des *Mystères*, Ephraïm Mikaël des fragments de son *Ame Mièvre*, et Maurice Mæterlinck, qui écrivait alors son prénom Mooris, d'étranges histoires flamandes.

Le *Thé chez Miranda* eût inquiété nos lecteurs, mais je devais me lier d'une amitié durable avec Paul Adam. A cette époque, il était un fervent des sciences occultes. Il m'annonça un jour qu'il allait tenter une grande expérience dont je pourrais être le témoin. Il allait essayer son dédoublement, provoquer une petite promenade de son corps astral.

Dans un roman de Josephin Péladan, un sorcier, étendu sur un divan, semble s'assoupir, mais, en même temps, une sorte de fantôme sort de lui, qui, peu à peu prend sa forme, devient son « double ». Il y a donc, simultanément deux êtres, l'un qui dort, immobile, l'autre qui va, vient, agit et finit par s'envoler par la fenêtre.

C'est cette opération que Paul Adam allait essayer, après quarante jours d'austères épreuves, car il importait d'être en état de pureté. Il me raconta, avec ce flegme correct, qu'il avait alors, qu'une fois il avait été sur le point de la réussir : il y avait déjà une moitié de fantôme, sortie de lui, et il commençait à être favorisé de visions inouïes, qui, malheureusement, ne peuvent être rendues en aucune langue, car ce qui se passe dans l'hyperphysique ne ressemble à rien, et ces phénomènes défient les mots courants. Mais on ne saurait penser à tout. Il avait oublié de voiler la glace de sa chambre. Faute grave! Tout à coup, la glace se brisa, se réduisit en poussière, et le fantôme ébauché disparut.

Paul Adam ne s'attarda pas dans ces rêveries. Il avait à faire un plus utile emploi de son originalité et de sa vigueur, lui qui devait, dans quelques-uns de ses romans, s'élever jusqu'à l'épopée.

En novembre 1918, à Strasbourg, le jour inoubliablement émouvant de l'entrée des troupes, je le rencontrai avec Maurice Barrès, sur les marches du palais qui avait été le palais impérial, d'où nous allions assister à la revue, à la merveilleuse revue des poilus qui avaient le droit, alors, de se dire des vainqueurs. Il était angoissé jusqu'aux larmes, et lui, qui n'était jamais à court de richesse verbale, il répétait seulement, au défilé des premiers bataillons, conduits par le général Gouraud, à pied : « Que c'est beau ! » Je ne devais plus le revoir.

Il n'y avait pas loin du boulevard de Strasbourg à la rue d'Enghien, et quelques-uns des auteurs du Théâtre-Libre venaient à la *Vie populaire*. Tel l'entreprenant Oscar Méténier, qui était encore secrétaire d'un commissaire de police, et qui offrait complaisamment aux camarades ayant une liaison avec une femme mariée la complète sécurité : ils n'avaient qu'à choisir un hôtel du quartier où il exerçait ses fonctions; en cas de constatation de flagrant délit, il s'y prendrait de telle sorte que les amoureux n'auraient rien à craindre. C'était aussi Léon Hennique, ayant déjà conquis le rang auquel il avait droit dans les Lettres et qui venait de donner un petit livre, qui était

une manière de chef-d'œuvre en son genre,
Peuf, la simple histoire d'un sapeur d'infanterie coloniale, le meilleur des hommes, jouant
avec sollicitude le rôle de bonne d'enfant pour
le tout jeune fils de son colonel, Peuf, le dévouement même, qu'affolait soudain sa passion pour une mulâtresse, en faisant de ce simple, de ce brave garçon, un criminel. C'était
Rodolphe Darzens, alors poëte, qui devait entourer de soins Villiers de l'Isle-Adam mourant et, non sans peine, lui assurer des obsèques décentes.

C'était Henry Céard, alors conservateur à
la Bibliothèque de la Ville de Paris, le monocle à l'œil, un sourire ironique sur les lèvres,
mais d'une ironie un peu sèche. Critique au
Télégraphe, pendant une éphémère résurrection de ce journal, il avait pris le parti de sup-
primer les appréciations sur les interprètes,
se bornant à les nommer en tête de son article, au-dessous du titre de la pièce. Ce qui ne
devait pas l'empêcher, malgré cette affectation
de dédain, de chercher, plus tard, les sympa-
thies de comédiens pouvant lui être utiles et
de se montrer avec une comédienne qui fut
l'héroïne d'une étrange aventure, dissimulant
des hameçons sous la pâte de friandises qu'elle
offrait à un camarade. C'était Louis de Gramont, qui avait collaboré avec André Gill à
la *Muse à Bibi* et qui ne publia jamais un recueil de vers qu'il méditait sous le titre de la

Poche au fiel. Je devais, plus tard, proposer à Gramont une collaboration pour le projet d'un livret d'opéra tiré de *Nerto,* autorisation que j'avais obtenue de Mistral. Mistral nous emmena un soir dîner chez Foyot, avec le futur auteur de la musique, Widor. D'une vaste poche de son pardessus, il sortit, à l'étonnement du maître d'hôtel, une bouteille vénérable. — « Cela, dit-il, c'est du Châteauneuf du Pape, mais du vrai! » Je me rappelais cette particularité, récemment, en passant, au retour des Baux par Maillane, centre de la Mistralie, comme disait Widor, et en voyant la maison si simple, où il vécut en sage.

> *Mariano es ben, Mariano agrado,*
> *Car es l'ounour de l'encountrado...*

Je me rappelle, parmi ceux qui montaient volontiers jusqu'à mon bureau de la rue d'Enghien, un jeune officier, extrêmement sympathique, Marcel Palat, qui avait signé du pseudonyme de Marcel Frescaly un roman algérien, *Fleur d'Alfa.* Il n'était pas qu'un écrivain; il était aussi un explorateur. Après beaucoup de démarches, il avait reçu la mission de relier, à travers la Mauritanie, l'Algérie au Sénégal. On n'avait mis à sa disposition que des ressources trop modestes, qui, sur place, lui apparurent, en effet, bien insuffisantes. Mais il ne songea pas, dans son ardeur, à différer son entreprise, alors difficile et périlleuse. Il fut assassiné, affreusement massacré, aux confins du désert.

Combien il était loin, celui-là, des Décadents, dont le noir oubli a englouti les paradoxales manifestations.

Anatole Baju, avec un beau sérieux, se faisait le porte-parole de l'Ecole, l'apôtre de la singulière religion littéraire. « Nous avons plané si haut, disait-il, que le reste de l'humanité ne nous a pas compris. » Il faisait la profession de foi du « Décadisme ». Le décadisme constatait d'abord un spleen général et reflétait l'image de ce monde spleenetique. Pas de descriptions. On supposait tout connu! Rien qu'une synthèse rapide de l'impression des objets. Ne pas dépeindre, donner la sensation des choses par des symboles.

Anatole Baju traçait des portraits de quelques décadents. Son admiration allait surtout à l'un d'eux, qui n'avait rien écrit : « Son admirable mépris de l'écriture l'empêche de prendre la plume. Son âme paternelle a des aspirations vers le Néant. »

On ne pouvait, en effet, être plus spleenetique.

XI

VIE ET MORT DE JOURNAUX

Antoine, que je vis pour la première fois dans l'atelier, ruche toujours au travail où il répétait et faisait répéter les pièces du Théâtre-Libre, m'avait joué deux actes, qu'il avait interprétés. Accueil cordial, camaraderie encourageante, promesses promptement tenues, on voyait bien que cet indépendant, qui avait créé un mouvement dramatique resté inoubliable, n'était pas un directeur comme les autres.

Le théâtre était un milieu bien tentant, mais le journalisme laisse peu de loisirs... D'autres collaborations régulières s'étaient jointes à ma collaboration, pour le feuilleton littéraire, au *Gil-Blas*, qui, comme je l'ai dit, avait quitté l'entresol pittoresque, mais bien étroit, du boulevard des Capucines pour s'installer plus commodément rue Gluck. Sous la direction de René d'Hubert, la rédaction s'était fortifiée d'autres noms. Un peu plus tard, une scission s'étant produite et Catulle Mendès ayant emmené à l'*Echo de Paris* quelques-uns des chroniqueurs, ce furent, à leur place, des écrivains apportant leur personnalité, Rosny; abondant et divers; Francis Chevassu qui, dans un livre d'un esprit assez féroce, avait supposé ce que seraient des oraisons funèbres de certains contemporains, encore bien vivants; Pierre Véber, spirituellement narquois et qui allait continuer à l'être, au théâtre, dans tant de pièces; Jean Ajalbert, alors avocat, poète, auteur dramatique, romancier, futur explorateur, de l'Extrême-Orient, et futur administrateur riche d'idées pratiques, qui devait successivement donner de la vie à la Malmaison et la rendre à la Manufacture de Beauvais. A la Malmaison, dont il allait faire le Musée que l'on sait, il succédait à un conservateur qui avait l'horreur de tout ce qui rappelait le souvenir de Napoléon et n'avait laissé trace de son passage qu'en oubliant dans la rivière du parc deux tout jeunes crocodiles. En quelques mois, c'était une transformation complète, et les dons qu'Ajalbert avait su provoquer affluaient dans les vitrines. Il a l'heureuse faculté de réussir tout ce qu'il entreprend, mais cette chance s'appuie sur une forte volonté. Il a, d'ailleurs, une belle sûreté dans l'amitié.

J'étais entré au *XIXe Siècle* quand Henry Fouquier en avait pris la direction, succédant à Edmond About. Le *XIXe Siècle* avait fait de brillantes campagnes politiques, en un temps où il y avait quelque risque à les faire. Il était devenu le journal cher aux Universitaires. Henry Fouquier, lui voulut donner une forme moins compacte, tout en demandant aux anciens rédacteurs, qui avaient leur clientèle, de continuer leur collaboration. Sarcey était de ceux-là. On n'eût pas compris le *XIXe Siècle* sans Sarcey! Je rencontrai là un jeune homme, élégant, de fines moustaches ombrageant les lèvres, de manières discrètes, lançant seulement de temps en temps un mot, d'une ironie ramassée. C'était le courriériste théâtral : il se nommait Georges Feydeau, et il était le beau-fils de Fouquier. Il allait bientôt donner ses premières comédies, d'une irrésistible gaîté, d'une gaîté qui eût rendu invraisemblable la pensée d'une fin sinistre pour lui.

Fouquier ne garda guère plus d'un an la direction du *XIXe Siècle,* qui passa entre les mains d'Edouard Portalis, un journaliste de race, lui aussi. Mais Fouquier ne quitta pas le journal. Indépendamment de la critique dramatique, il alternait, pour la chronique, avec Sarcey et moi. Il y avait là André Honnorat, futur sénateur, futur ministre, futur fondateur de cette grande œuvre qu'est la Cité Universitaire, exposant déjà des idées fécondes. Parmi les leaders politiques, M. de Lanessan. Emile Gautier et Georges Vitoux suivaient le mouvement scientifique. Le secrétaire de la rédaction était Emile Danthesse, aujourd'hui président de la Maison des Journalistes. Un des premiers, il modifia la mise en pages, lui donna un aspect plus vivant. Le *XIXe Siècle* eut dix années de grande vogue. C'était un journal qu'il fallait avoir lu. Il menait des campagnes vigoureuses, dans un bon style. Sa fin fut imprévue et dramatique. Portalis, qui avait pourtant de l'estomac, qui avait prouvé qu'il était brave, perdit la tête à la suite d'agissements qui étaient en réalité le fait de l'administrateur, M. Girard, dit familièrement « le Tapir », et disparut.

Se trouvant devenu le capitaine d'un navire en détresse, Danthesse songea à sauver au moins l'équipage. Par une combinaison ingénieuse, il fit passer la rédaction presque tout entière au *Rappel*. Il n'y avait que la rue Montmartre à traverser.

Au *Rappel*, maison de belles traditions politiques et littéraires, régnait Auguste Vacquerie, assisté de son ami Paul Meurice.

La vignette du petit tambour, battant la charge, qui séparait les articles, était une allégorie justifiée. Le *Rappel* avait vaillamment combattu l'Empire et combattait encore pour toutes les causes généreuses. Le respect entourait Vacquerie qui, pour garder son entière indépendance, n'avait jamais voulu être que le grand journaliste qu'il fut.

Il avait ses petites faiblesses. On le voyait éteindre lui-même la lampe à gaz (car les bureaux du journal n'étaient pas encore éclairés à l'électricité) qu'un rédacteur, en s'absentant, avait laissée allumée. On disait, en riant, que le tableau formé de papillons, et le coffre-fort qu'il surmontait, étaient, dans son cabinet, assez symboliques. Mais quelle fermeté de convictions, chez lui, quelle vigueur intellectuelle, quelle maîtrise dans son article quotidien, dont un esprit qui n'était pas qu'en surface, servait l'idée, et où passait encore, parfois, un souffle romantique. A ses débuts, il avait dédié un poème à Paris :

Donc, prends-moi, Ville, et fais de cet enfant un
[homme.

Et l'homme était devenu un grand Parisien. L'auteur de *Jean Baudry*, un succès, rêvait une reprise de *Tragaldabas*, une chute célèbre. Sa dernière pièce, *Jalousie*, fut jouée au Gymnase. Comme elle se traînait un peu, les rédacteurs du *Rappel* étaient invités, à tour de rôle, à grossir les rangs du public.

Du cabinet de Vacquerie, on voyait souvent sortir une blonde comédienne de l'Odéon, Antigone de ce vétéran des Lettres.

Au *Rappel*, les gens notoires étaient catalogués selon ce qu'ils avaient dit ou écrit de Victor Hugo : pour ceux qui entretenaient le culte du poète, toutes les bonnes dispositions, tous les appuis, le cas échéant. Pour les tièdes, ou ceux qui avaient été un jour irrespectueux, une certaine tendance à la sévérité.

Jadis, j'avais vu Vacquerie radieux bien que son visage ne se prêtât pas à une expression de joie, le jour de cette fête merveilleuse du défilé de tout un peuple devant les fenêtres de l'hôtel de l'avenue d'Eylau (depuis, avenue Victor-Hugo) célébrant les quatre-vingts ans du Maître, les chefs de pelotons portant à la boutonnière, comme insigne, un carton découpé en rond, où était imprimé ce vers de la chanson de Fantine: *Les bleuets sont bleus, les roses sont roses.* Mais je me rappelais son amertume, mal dissimulée, quand, deux ans après la mort du poète, on lut, chez Paul Meurice, rue Fortuny, un des premiers poèmes inédits de Hugo, la *Fin de Satan.* Des invitations nombreuses avaient été envoyées, Mounet-Sully, Saint-Germain, d'autres grands diseurs devaient interpréter cette belle paraphrase de l'Evangile. Il ne vint qu'une dizaine de personnes. Cette absence de curiosité d'une élite semblait si invraisemblable qu'on attendit longtemps avant de commencer. On ne pouvait croire qu'à un retard de ceux qui avaient été conviés. Il fallut bien, cependant, vers onze heures, admettre que le nombre des auditeurs resterait aussi restreint. Il y a, pour les plus

grands eux-mêmes, après leur disparition,
une période, non d'oubli, assurément, mais
d'une sorte de lassitude de leur gloire, qui, un
peu plus tard, rayonne de nouveau.

Je ne me hasarderai pas à abuser de la patience du lecteur en évoquant de multiples
collaborations à des journaux dont les uns ont
continué une vie prospère, tandis que d'autres
ont disparu, car les journaux meurent comme
les hommes, mais ils ont, parfois, la faculté
de ressusciter. Je n'ai pas la prétention d'intéresser sur ce qui me concerne. Je m'attache
seulement à retracer sommairement des milieux que j'ai traversés.

A mes tâches régulières s'ajoutait le feuilleton dramatique de la *République Française,*
alors dirigée par Joseph Reinach, qui avait
combattu le boulangisme avec l'ardeur qu'il
devait apporter dans les batailles de l'affaire
Dreyfus.

Je succédais à Louis Denayrouse, qui avait
eu sa notoriété à la fois comme auteur et
comme ingénieur : cette maison de la *République Française,* sur laquelle planait l'ombre
de Gambetta, et qui tenait à la rue de la Chaus-
sée d'Antin, où elle était née, m'a laissé le
souvenir de bonnes camaraderies comme celles d'Eugène Pitou, son secrétaire général, de
Maurice Ordinaire, de Paul Marion, de Paul
Bluysen qui, devenu député, puis sénateur de
l'Aude, devait, il y a quelques années, trouver

la mort dans un accident de voiture. Il était grand, mince, extrêmement correct, le monocle rivé à l'œil. Il fut un ami sûr. Je ne sais plus quelle polémique avec Henri Turot, futur conseiller municipal, excellent journaliste, lui aussi, prit un ton virulent. Bluysen n'admit pas certains termes dont Turot s'était servi, et lui fit demander des explications, donnant à ceux qu'il avait chargés de cette mission, Fernand Bourgeat et moi, des instructions formelles. Il fut impossible d'arriver à la solution que nous eussions souhaitée et une rencontre fut décidée.

Elle eut lieu à l'île de la Grande Jatte, dans une salle de bal, sur les murs de laquelle étaient peintes des caricatures d'animaux (je revois, notamment, de monstrueuses grenouilles, dans des attitudes soi-disant humaines). Les témoins de Turot étaient M. Millerand, ne se doutant guère alors qu'il serait un jour Président de la République, et Marcel Sembat. Ce fut M. Millerand qui prononça le traditionnel « Allez, messieurs », dirigeant très expertement le combat. Les deux adversaires étaient jeunes et ardents. Leur vivacité ne laissait pas que d'être inquiétante, l'un et l'autre sachant bien se servir d'une épée. Bluysen fut blessé au ventre, mais, heureusement, légèrement. Bourgeat et moi, quand le docteur Vogt, le fils de l'illustre savant suisse, eût déclaré que la blessure ne serait pas grave, nous poussâmes un soupir de soulagement. A l'entrain qu'avaient mis les combattants à s'aborder, nous aurions pu craindre une autre issue.

C'est à un déjeuner chez Reinach (à ces déjeuners, de l'avenue Van-Dyck, qui étaient une tradition, on rencontrait presque toujours Eugène Spuller, même quand il était ministre) que je connus Albert Delpit, l'auteur des *Fils de Coralie* et d'autres pièces qui eurent du succès. J'ai eu pour lui beaucoup d'affection. Il était chevaleresque et véhément. C'est lui qui, pendant la première représentation du *Nid des autres,* d'Aurélien Scholl et Armand d'Artois, avait été indigné de l'attitude d'un spectateur qui se livrait à des plaisanteries bruyantes et empêchait ses voisins d'écouter la comédie. Il le pria de se taire. L'autre répondit insolemment, et Delpit, qui n'était pas patient, le souffleta. Il se trouva que ce spectateur incommode était une des plus fines lames de Paris. Dans le duel qui suivit cet incident, Delpit fut blessé. Or, il ne connaissait alors personnellement ni Scholl, ni d'Artois.

Nos relations, commencées chez Reinach, étaient devenues amicales à la suite de rencontres aux soirées que donnait Arsène Houssaye, dans son hôtel de l'avenue Friedland. Ce n'était plus le temps de ses redoutes célèbres, mais il recevait toujours avec grâce, et il restait, pour accueillir les dames, le modèle d'une parfaite galanterie. On disait alors de lui qu'il n'avait pas quatre vingts ans, mais quatre fois vingt ans. Et, de fait, il restait singulièrement actif, fondant une nouvelle *Revue de Paris,* publiant les six volumes si riches en souvenirs (sans doute embellis) d'une longue vie très remplie, mais sa grande barbe blanche lui donnait l'air d'un patriarche resté optimiste, un peu dur d'oreille, seulement, mais profitant de cet affaiblissement de l'ouïe pour être le premier à dire à ses hôtes des choses aimables. Il avait connu tout le monde, et il aimait voir défiler tout Paris chez lui, les derniers survivants d'autres temps et ceux qui avaient fait depuis peu leur trouée.

Après être venu au-devant de ses invités, il ne consentait à s'asseoir, dissimulant, par coquetterie, sa fatigue, que, si quelque jolie femme le conviait à prendre place à côté d'elle. C'était un petit manège qui, avec d'aimables complicités, était de règle. On s'empressait alors d'aller l'entourer. Il se plaisait à philosopher, envisageant l'avenir avec sérénité, et il répétait volontiers cette formule : « Tout est bien, parce que tout sera mieux. » Quoi que l'on y fût nombreux, ces soirées étaient simples et Mme Henry Houssaye offrait elle-même, dans quelques groupes, des liqueurs en disant, avec un délicieux accent : Raki?, qu'elle prononçait Riki.

Dans les années qui suivirent 90, il y eut une

sorte de soif du miracle. C'était le temps où on accueillait volontiers les doctrines rapportées du Thibet par Mme Blavatsky, qui apparaît, avec le recul des temps, comme une prophétesse ayant démontré de hauts principes de sagesse humaine par des tours de passe-passe, où les revues ésotériques, comme le *Lotus,* propageaient ces doctrines et enseignaient même le moyen de vaincre la mort (le *Lotus* ne profita pas de la recette), où M. de Rosny promenait ses disciples dans les bois de Meudon, en ne jurant que par Cakya-Mouni. Il était de bon goût, alors, d'être un peu bouddhiste ou néo-bouddhiste. La vieille Inde semblait devoir conquérir l'Occident. De son côté, le docteur Encausse, sous son nom de mage de Papus, grand maître de toutes sortes d'Ordres que maintenaient les traditions hermétiques, se flattait d'avoir résolu les éternelles énigmes. Stanislas de Guaita, poète venu aux sciences mystérieuses, les traitait dans les deux gros volumes du *Serpent de la Genèse.* Et certains annonçaient en un autre poète, Albert Jhouney, le nouveau Messie. L'occultisme avait ses fervents en Jules Bois, Emile Michelet, Léonce de Larmandie, disciple du Sâr Péladan.

Puis un autre courant passa. Un certain anarchisme intellectuel parut élégant. Il faut convenir que, au temps des bombes, il survenait assez inopportunément. La police d'alors fit d'étranges confusions entre ceux qui n'ap-

pelaient que littérairement un monde nouveau, et ceux qui préparaient ou réalisaient
des attentats. La *Revue indépendante,* qui se
piquait d'être d'avant-garde, vit de ses rédacteurs, parfaitement inoffensifs, transformés en
farouches destructeurs de la Société. Ce fut
notamment le cas de Félix Fénéon, qui fut,
un moment, arrêté, ayant été considéré comme
un agitateur dangereux. Une perquisition eut
lieu chez lui. Un commissaire de police mit
au ravage ses tiroirs, fouillant dans sa correspondance. Il découvrit un lot de papiers qui
lui fit froncer les sourcils. Il s'agissait de phrases mystérieuses, avec, parfois, des allusions
mythologiques. C'était là, évidemment, un
langage conventionnel. L' « accusé » haussait
des épaules, attitude qui aggravait son cas. —
Votre affaire est bonne, disait le commissaire,
emportant ces feuillets. Il fallut bien reconnaître que ces notes suspectes n'étaient que le
premier jet d'un essai de traduction du poète
anglais Swinburn.

XII

RENCONTRE AVEC IBSEN

J'ai eu forcément, dans ma vie, à faire quelques visites singulières. Le souvenir m'est resté de l'une d'elles.

C'était à Copenhague, au cours d'un voyage dans les pays scandinaves. J'avais été reçu fort aimablement dans la métropole danoise par un ami, M. Berendsen, qui avait longtemps vécu à Paris, et qui avait gardé beaucoup d'attachement pour la France. Sa bonne grâce fut inépuisable. On n'évoque pas le passé sans qu'il s'y mêle une ombre: ce galant homme, si gai, si expansif, que connaissait tout Copenhague, avec son grand chien qu'il avait appelé Zola (seule faute de goût que j'aie trouvée chez lui) fut victime d'un affreux accident, auquel il ne survécut pas longtemps. Il m'avait fait très intelligemment les honneurs de sa capitale, et je lui dus de me rencontrer avec des écrivains, comme Holger Drachmann, Hermann Bang, Henrik Pontoppidam, Madsen, faisant alors son service dans la marine et qui avait été l'objet d'une condamnation par un conseil de guerre pour avoir traduit *Bel-Ami,* cas évidemment curieux. Ce furent aussi, grâce à M. Berendsen, des relations commencées — car mon séjour en Danemarck devait être assez bref — avec M. Jacobsen, qui consacrait tous les bénéfices de son industrie à l'enrichissement du musée qu'il avait fondé, avec des artistes, des gens de théâtre, des savants, comme le Dr Ehlers, devant, depuis, conquérir une universelle autorité.

Un soir, après une journée où M. Berendsen m'avait promené dans toute la ville et introduit dans des milieux très différents, la conversation, dans son salon, en allant d'un sujet à un autre, tomba sur la répression criminelle.

— Au fait, dis-je, chez vous, le bourreau n'est pas, comme chez nous, une sorte de mécanicien sinistre. Il « travaille » avec la hache. C'est un « artiste » que l'imagination peut entourer d'un prestige mélodramatique.

M. Berendsen sourit de la description que je faisais de l'exécuteur.

— Mais, avança-t-il, pourquoi ne feriez-vous pas la connaissance personnelle de l'individu?

— Ma foi, je ne demande pas mieux. Cela sera un assez piquant contraste avec mes visites d'hier et d'aujourd'hui.

— Eh bien, demain matin, voulez-vous?

Il téléphona à un rédacteur du *Politiken*, M. Cavling, qui devait devenir le directeur de cet important journal, pour lui demander l'adresse de « monsieur de Copenhague », Seistrup.

Le lendemain, en effet, M. Berendsen venait me chercher, et la voiture, traversant le faubourg de Fredericsberg, nous amenait dans une banlieue souriante, toute fleurie. Au bout d'une demi-heure, elle s'arrêtait devant un gentil cottage, une maison à un étage, précédée d'un jardin soigneusement entretenu. Une inscription en lettres gothiques, sur fond bleu, donnait le nom de la villa, *Aldershville* (littéralement : repos de l'âge).

— Nous y voilà, dit mon compagnon.

— Quoi! cette coquette maison rustique!...

M. Berendsen sonna à la porte du jardin, et une fort jolie personne vint ouvrir. Mise au courant du but de notre démarche, elle répondit qu'elle allait chercher Seistrup. C'était sa fille, la fille du bourreau, et je pensais instinctivement à la Schlefen-la-Rousse, de Henri Heine, l'amie honnie du poète adolescent. Mais Mlle Seistrup, avenante et gracieuse, ne semblait pas du tout se croire maudite.

Seistrup était en train de donner à manger à ses poules. Avant de se présenter, il voulut faire un bout de toilette, et nous l'attendîmes dans une salle à manger, d'un confortable bourgeois. Des pipes entrecroisées, formant trophée, des photographies encadrées ornaient les murs, sur un desquels s'appuyait une petite bibliothèque. Sur un buffet, dans une boîte à compartiments, des œufs étaient rangés, portant la date du jour où ils avaient été pondus.

Le maître de la maison, qui avait revêtu une jaquette grise, arriva. C'était un beau gaillard, d'une quarantaine d'années, aux yeux d'un bleu de porcelaine, à l'aspect débonnaire, avec sa grande barbe blonde.

M. Berendsen lui exposa que je désirais m'entretenir avec lui. Un peu interloqué, il roula ses yeux bleus comme pour demander la confirmation de ce qui lui avait été dit, puis il s'inclina et se déclara prêt à répondre à mes questions. M. Berendsen l'interrogeait pour moi.

Seistrup se crut d'abord obligé de faire une déclaration solennelle. Il nous affirma, en mettant la main sur son cœur, qu'il n'était pas le moins du monde sanguinaire.

— Ce n'est pas moi qui tue, dit-il, c'est la loi.

Mais il abandonna tout de suite ce ton déclamatoire, qui n'allait guère à sa simplicité cordiale. Ancien soldat, il était entré dans la police, et, bien noté, il avait sollicité la place de bourreau parce que cet emploi était assez rémunérateur et peu fatigant, les exécutions étant rares. Il avait le temps de s'occuper, selon ses goûts, de jardinage et de donner ses soins à une basse-cour assez nombreuse. C'était un bourreau bucolique.

Après quelques moments de conversation, je lui exprimai le désir de voir l'instrument de supplice — la hache. Il ne fit aucune difficulté pour satisfaire ma curiosité. Mais ce fut alors l'incident pittoresque qui m'a laissé le souvenir de cette visite. La hache? Oui... mais où diable était-elle? Et voici toute la famille Seistrup à sa recherche. La jolie jeune fille, notamment, se démenait pour la retrouver, tandis que Seistrup, un peu dépité, se frappait le front pour se demander où il avait pu serrer cet outil professionnel, qui n'avait pas servi depuis assez longtemps, le roi commuant généralement la peine de mort. Cette hache, pourtant, où avait-elle été remisée? Ce furent quelques minutes originales : le bourreau ayant perdu sa machine à tuer...

Enfin, la blonde Mlle Seistrup poussa un soupir de soulagement. Le fer de la hache se trouvait derrière le poêle. Quant à la poignée, elle fut découverte sous le buffet. Seistrup déposa les deux objets sur la table, à côté d'un pot de fleurs. J'eus l'indiscrétion de vouloir voir aussi le billot. Ce billot, il savait où le rencontrer : c'était dans le poulailler, et des poules étaient juchées sur cette manière de pyramide aplatie, comportant deux cerceaux de fer, qui enserraient le cou du patient. Il le montra négligemment, mais il s'attendrit sur la beauté des volailles qu'il élevait et, particulièrement, sur une race naine dont il n'était pas peu fier, et, en traversant son jardin, il nous fit remarquer l'éclat des fleurs auxquelles il donnait ses soins.

— Voici, dis-je, en partant à M. Berendsen, un bourreau bien sentimental, un bon petit bourgeois de bourreau.

— En effet, rien en lui de moyenageux, mais cet homme si affable, si poli, si patriarcal a, lors de sa dernière exécution, déchiqueté de la manière la plus horrible le malheureux condamné, et, pour faire enfin tomber sa tête, a dû s'y reprendre à trois fois...

La Norvège n'était pas encore le domaine de Lugné-Poe, allant apprendre aux Norvégiens à glorifier leurs grands hommes. Le tourisme ne l'avait pas non plus mise à la mode, ou, du moins cette mode, qu'ont développée les facilités du voyage, commençait seulement.

A Christiana, qui n'était pas alors Oslo, ma providence fut un rédacteur du *Verdens Gang* (la Marche du monde), M. Hammer, qui devait, quand la Norvège eut enfin sa Légation à Paris, y remplir des fonctions importantes. A cette époque, la Suède et la Norvège étaient unies politiquement, sous le sceptre du roi Oscar II, ce qui ne voulait pas dire qu'elles s'entendissent le mieux du monde. La Norvège avait la tête près du bonnet, et attestait son caractère indépendant.

A ce moment, le Théâtre-Libre venait de révéler en France Ibsen, et ce puissant défenseur de l'individualisme, ce révolté à l'idéal élevé, « ce philosophe des contradictions de la destinée humaine et des sociétés fondées par les hommes », était l'objet de l'engouement que l'on sait. Les études sur son œuvre et sur son action se multipliaient. Avant toute chose, j'exprimai à M. Hammer le désir, peut-être téméraire, de lui être présenté.

— C'est possible, me dit-il, et il y a des chances pour que, après son dîner — nous dînions, nous autres, à trois heures — il vienne, comme à son habitude, lire les journaux au café du Grand-Hôtel, dans la Karl-Johan Gade. Tout dépend de son humeur. Il y a des jours où il n'aime pas beaucoup à être dérangé. Il en est d'autres où, au contraire, il est accueillant. Il s'amuse, sans avoir l'air d'y toucher, à faire boire à ses visiteurs étrangers de ce traîtreux punch suédois, fort capiteux, bien qu'il semble d'abord inoffensif. En ce cas, défiez-vous.

En attendant, M. Hammer me parla des petites manies d'Ibsen, dans sa « chambre de travail », qui contrastait, par sa simplicité, avec l'ameublement de son salon.

Sur sa table étaient disposés de petits bibelots fort communs, d'une banalité de pacotilles, un ours en bois sculpté, un diable dont la griffe soulevait une allumette de cire, un lapin en cuivre jouant du violon. Ils étaient groupés sur un plateau fort ordinaire. Ces épaves de bazars étaient à peu près tout ce qu'il avait rapporté de ses voyages.

— Il me serait impossible d'écrire sans les avoir sous les yeux, disait-il. *Ils me servent.* Comment je m'en sers? Cela c'est mon secret.

A l'heure favorable, M. Hammer et moi, nous étions au café du Grand-Hôtel. Ibsen était assis à une table : c'était bien l'expressif visage déjà popularisé par ses portraits, encadré d'une blanche crinière et de la barbe qu'il portait sous le menton, et se répandant en larges favoris, ses lèvres pincées sur une bouche petite, ses yeux, sous ses lunettes, semblant ne s'animer que par instants. Mais la chance ne me servait pas : il n'était pas seul, et il poursuivait une conversation qui paraissait l'intéresser. Il y avait indiscrétion à l'aborder, mais je savais qu'il devait s'absenter de Christiana peut être le lendemain, pour quelque temps. A cette indiscrétion, M. Hammer, qui était fort connu du maître, se décida. Je ne pus me flatter d'avoir eu avec Ibsen, courtois comme il l'était toujours, un important entretien. Je lui dis l'intérêt qu'il inspirait à Paris, et les discussions passionnées qui étaient soulevées à son sujet. Il sourit, en faisant un geste signifiant qu'il était habitué à ces batailles autour de son nom. Cependant, profitant de l'occasion, une idée audacieuse m'était venue. Chaque volume de mon *Année littéraire* avait une préface d'un écrivain célèbre : je me risquai à lui demander la préface du prochain de ses livres.

— Est-ce qu'il est venu de Paris tout exprès pour cela? demanda-t-il, avec quelque bonne humeur, à M. Hammer.

Son interlocuteur paraissait assez peu satisfait de mon intrusion. Il était difficile de prolonger cette visite. Mais je partis avec une promesse, qui fut tenue. Dans ces pages, que traduisirent M. Hammer et Nicolaysen, Ibsen contait un épisode de sa jeunesse difficile, à Gaustadt : les exemplaires de son premier ouvrage, imprimé aux frais d'un ami, finissant, un jour de détresse, puisqu'on ne les avait pas achetés, par être vendus, pour le papier, à un épicier. Au demeurant, ces pages, il les terminait avec sérénité : « Lorsque je jette un regard en arrière sur l'ensemble de ma vie, je le fais dans un sentiment de gratitude envers tout et envers tous ».

J'aurais souhaité voir aussi Bjornson, mais il n'était pas à Christiana.

Je passai de Norvège en Suède par les sites imposants de l'Areskutan, Storlien, Ostersund, la Dalécarlie, Upsal, apparaissant de loin toute rouge par ses constructions en briques, la ville de l'Université, avec ses traditions d'étudiants et d'anciens étudiants. On me raconta qu'il y avait alors à Upsal un chef de la police légendaire par ses façons de prévenir les désordres. Un café où la belle humeur d'une future élite s'était un peu trop largement donné carrière avait dû être fermé pour quelque temps. Le patron du café sollicita l'autorisation de le réouvrir. Mais il ne cacha pas que beaucoup de « juniors » et même de « seniors » s'étaient promis d'assister à cette réouverture et qu'il serait prudent, à tout hasard, d'envoyer quelques agents. — S'il en est ainsi, dit le commissaire, s'il y a à craindre de l'effervescence, il vaudrait peut-être mieux que l'établissement restât fermé *le premier jour*.

Puis Stockholm, ses environs délicieux, en été, leurs innombrables canaux ombragés, Stockholm avec ses larges nappes d'eau, son pont plein de boutiques, ses jardins, ses musées, ses palais. Le Riddarsholm, le Panthéon suédois — toutes les annales de la Suède se résument sous les voûtes de ce temple — enseigne aux rois qui y reposeront à leur tour la philosophie, car, des fenêtres de leur palais, ils ne peuvent pas ne pas l'apercevoir constamment. Si Gustave-Adolphe, Charles XII, Bernadotte (Charles XIV) ont des tombeaux dans cette église, c'est dans des caveaux sans faste que dorment les autres souverains. Les cercueils, recouverts de draperies usées, sont placés sur de simples tréteaux par rangées. C'est l'égalité pour ceux dont l'histoire se souvient et les obscurs porte-couronne. La vieille femme qui, après avoir allumé un bout de bougie, me faisait visiter ce lieu sépulcral, répandant une odeur de moisi, touchait familièrement ces bières où ont pourri ces puissants d'autrefois, et jouait machinalement avec les franges effilochées des draps mortuaires. Un moment, fatiguée sans doute de tenir son bougeoir, elle le posa familièrement sur un des cercueils, en y faisant des taches de cire. Je regardai l'inscription d'une plaque : c'était celui de Gustave III, le roi assassiné. Qu'ils tiennent peu de place, aujourd'hui, ces morts qui n'ont même pas droit, comme un petit bourgeois, à une pierre tombale !

Je dus à l'aimable docteur Magnus Möller de connaître quelques personnalités, des écrivains notamment, anciens compagnons de Strindberg à la « Chambre rouge », cabinet d'un restaurant où s'étaient assemblés les auteurs méconnus qui, depuis, avaient fait leur chemin.

Je ne me doutais pas, alors, que je ferais, un jour, interpréter les poèmes d'un autre auteur, fort « arrivé », celui-là, le roi Oscar II, qui a beaucoup écrit. Ce fut à une matinée de l'Odéon, à laquelle il assistait — non sans quelque émotion, je crois, — pendant un séjour qu'il fit à Paris. Un choix avait été fait de ses poésies, traduites par M. Magnus Synnestwedt, interprétées par les artistes que j'avais désignés. Si peu courtisan que je sois, passant même pour avoir des idées un peu avancées, j'ai pu, dans ma vie, rendre, quelques instants, un roi heureux...

Des images d'autres pays : une réception au château du vieux Bude, l'ancienne Hongrie contrastant avec la ville toute moderne qui s'étend sous cette hauteur; Vienne et ses théâtres, l'Italie et un déjeuner, organisé pendant un congrès de la Presse, dans les ruines de Pompéi; Palerme et ses couvents, leurs morts momifiés; l'Espagne abordée par l'Andorre, avec son pittoresque qui se présente sans qu'on ait à le chercher... Au Portugal, j'arrivais au lendemain d'un soulèvement populaire, le dernier que la police royale eût pu encore réprimer. J'avais une lettre pour un écrivain ardent, Joâo Chagas, qui, lorsque le Portugal eut proclamé la République, fut son ministre à Paris, puis président du Conseil, mais alors, il n'était pas très facile de le rencontrer, car, rédigeant un journal républicain, la *Marsilehza*, il jugeait opportun de n'avoir pas un domicile fixe, où il n'eût pas été impossible qu'on vînt le cueillir, la nuit. Le jour, son arrestation eût été moins aisée : il était trop connu, trop populaire pour qu'on mît la main sur lui, sans protestations de la foule.

Il savait d'ailleurs, largement, ce qu'était la déportation et la prison. Mais il était suivi par deux policiers qui ne le quittaient pas et dont il s'amusait à éprouver la vigilance. Il était plein de vie, d'entrain et d'esprit.

C'est ainsi que dans la rue, sur les indications données par un de ses amis, je fis sa connaissance. Il me désigna les deux agents qui l'escortaient.

— Vous présenterais-je ces messieurs? me dit Chagas en souriant.

Et ce furent, dans Lisbonne, des promenades à quatre, lui, moi, et les deux policiers.

Dans les Congrès internationaux de la Presse, Adrien Hébrard conduisit plusieurs fois la délégation française. Quel esprit il apportait en ces réunions, étonnant par une sorte de génie de l'à-propos, le brillant de ses allocutions et de ses toasts, nos hôtes étrangers! Mais après les banquets officiels où il s'était prodigué, il y avait, avec lui, les jours libres, les dîners intimes auxquels prenaient part quelques-uns d'entre nous, et c'étaient d'autres feux d'artifice, ou, au hasard de ses riches souvenirs, une histoire contée comme il savait les conter.

Celle-ci me revient en mémoire, qui disait quelle circonstance avait influé sur son arrivée à Paris. En sa jeunesse, il avait, à Toulouse, une liaison avec une femme dont le mari était d'une jalousie féroce. Les rendez-vous avaient lieu dans une petite maison de campagne. Quelles que fussent les précautions prises, le mari fut averti, et avait tout simplement juré de tuer son rival. Il n'était pas de menace terrible qu'il ne proférât contre lui, et il était homme, en effet, à agir en furieux, le cherchant partout. Mais le cocher qui avait accoutumé de conduire les amoureux s'était constitué leur garde du corps et déjouait les ruses du brutal, armé d'un fusil. Cependant, la jeune femme, inquiète, sachant de quoi était capable son époux, supplia Adrien Hébrard de s'éloigner quelque temps. Le souci de la sécurité de son amie le décida à un voyage à Paris où il resta, devenant le plus parisien des Parisiens.

Quelques années s'étaient passées. Hébrard traversait un jour la cour du Louvre. Il se heurta à un passant. C'était le mari. — Diable! se dit-il, la rencontre va être tout au moins embarrassante. Mais à sa grande surprise, ce mari qui n'avait songé qu'à des massacres se jeta dans ses bras. Il lui apprit que sa femme était morte et qu'il ne cessait de la pleurer. — Avec vous, fit-il, je vais pouvoir parler d'elle!

Mais il fallait entendre Hébrard donner de la vie et du pittoresque à ce récit qui, fait par lui, offrait la matière d'un roman d'un accent très humain.

Ce fut pour le *Temps,* sur ses indications, que j'allai étudier l'organisation et l'existence familière de ce petit Etat, juché sur un sommet des Apennins, la République de Saint-Marin, vieux de quinze siècles, épargné par tous les bouleversements qui se sont produits dans la Péninsule, et, de son altitude, témoin des conquêtes voisines et des soulèvements qui changeaient l'histoire. République patriarcale, encore que, avec ses deux régents, elle garde des traces d'une constitution ombrageuse.

Il n'était pas besoin d'aller loin pour rencontrer des chefs d'Etats.

Dans les cafés de Montmartre, on pouvait voir, « trônant » sans nulle morgue, et toujours altéré, S. M. Achille Ier, roi d'Araucanie. C'était un bon bohême : pour un bock offert, il vous bombardait aussitôt dignitaire de la couronne. Des gens qui avaient été jusqu'à payer une troisième tournée s'en retournaient au moins ducs et pairs, ou avec la solennelle promesse d'une charge de ministre, quand les Araucariens se décideraient à appeler à eux leur monarque. C'est de quoi Achille Ier ne semblait pas très pressé. Il était si doux, au pied de cette butte qui était le vrai pays de la fantaisie (il n'y avait pas encore la rivalité de Montparnasse) et était sûrement un séjour plus agréable que la volcanique contrée de l'extrémité de l'Amérique du Sud, de jouer aux dominos le don de chimériques faveurs.

A la vérité, s'appelant Laviarde, du nom de ses modestes aïeux, il manquait de prestige. Je ne sais comment il s'était institué le successeur d'Orélie-Antoine, ancien avoué à Tonneins, qui, lui, avait eu d'extraordinaires aventures, n'ayant manqué, dans son roman vécu, ni de crânerie, ni de vaillance. Il avait eu ses heures quasi héroïques avant de venir mourir dans un hôpital de Bordeaux. Achille Ier se bornait à culotter des pipes, à des milliers de lieues de ses soi-disant domaines.

Il y eut aussi Jules Gros, qui ne prétendait qu'à la présidence de la République de Counani, aux confins du Brésil. Il avait voulu initier les Indiens aux beautés du régime parlementaire. Revenu en France, il gardait obstinément l'espoir de retourner à Counani, et il rédigeait sans cesse des projets de constitution. C'était un brave homme, illuminé, sans doute, mais dont quelques idées ne manquaient pas d'originalité.

On avait connu, à Paris, David de Mayréna. On apprit un jour qu'il s'était taillé un royaume dans le pays des Sédangs, quelque part, en Asie, et qu'il était désormais David Ier. Ce royaume était fragile, et David Ier, ayant affaire à un peuple peu commode, ne garda pas longtemps son sceptre.

Un peu plus tard, ce fut la tentative de monarchie du baron Harden-Hickey, qui avait dirigé le *Triboulet,* dont les caricatures de M. Carnot étaient la spécialité. Ayant épousé la fille d'un milliardaire américain, il se créa prince de l'île de la Trinidad, à quelque sept cents milles de la côte du Brésil. Sa chancellerie était provisoirement installée à New-York, 217, West-Street, et son chancelier était un bon gros garçon, nommé de La Boissière, qui, correspondant à Paris d'un journal d'outre-Atlantique, avait été un habitué des répétitions générales.

Les habitants de l'île, dédaignée par les Puissances, n'étant que des pingouins et des tortues, James Ier réclamait des sujets par le moyen d'un prospectus, moyen évidemment très moderne. Mais ce prospectus, bien que rédigé sur un ton familier, contenait une déclaration de droit divin. Le prince ne dissimulait pas qu'il serait un monarque absolu, la forme de gouvernement qu'il avait adoptée étant celle de la dictature.

La Boissière expliquait que si, pourvu par son beau-père d'une fortune considérable, James Ier ne demandait pas de capitaux, mais des colons « fatigués ou déjà vu », si on faisait entrevoir à ceux-ci une sévère discipline, ils auraient la chance de participer à la découverte éventuelle d'un trésor, jadis enfoui à Trinidad par des flibustiers. A la vérité, on ne savait pas du tout où le chercher, mais avec le temps, et le hasard... Seulement les émigrants ne se présentèrent pas.

XIII

THÉATRES

Devant une tombe, au Père Lachaise, le cerçueil a été descendu dans la fosse. Un temps d'automne, doux et humide. C'est le moment des discours. Dans le grand silence, en ce décor funéraire, une voix s'élève, pour le tribut de regrets à accorder au défunt. Et soudain, au cours d'une énumération de ces mérites, cette voix lance fortement ces mots :

— Il remonta la *Poudre de Perlinpinpin*.

Le contraste avec les rites du deuil frapperait, dans la vaste nécropole, s'il ne s'agissait de l'enterrement d'un directeur de théâtre, M. Floury, fort honnête homme, d'ailleurs, et dont la parole était toujours tenue.

Si j'assistais à ces obsèques, qui se trouvaient avoir un certain pittoresque, c'est que M. Floury, las de la féerie qui avait été sa spécialité du Châtelet, s'était rappelé que le drame historique avait aussi tenu sa place dans les annales de son théâtre. Il avait reçu une *Catherine de Russie* que mon collaborateur Charles Samson et moi lui avions portée [1]. Nous nous étions efforcés de dessiner, dans une action aussi vivante que possible, mais dans une forme qui attestait quelques scrupules, un large portrait de la souveraine dont la vie eut tant de côtés divers.

Les fils de M. Floury tinrent loyalement l'engagement de leur père, encore qu'ils eussent, eux, gardé du goût pour la féerie et se défiassent un peu d'une pièce qui, sur une scène où le chef machiniste avait imaginé ou renouvelé tant de trucs, conservait des prétentions littéraires. Je dois dire qu'ils ne laissèrent pas paraître leurs regrets d'une infidélité à la *Fée des Bruyères* et à la *Reine des Papillons,* et qu'ils donnèrent au drame une bonne distribution et soignèrent sa décoration. Nous les rassurâmes, d'ailleurs, en leur disant que nous ne voyions aucune inconvénient à ce qu'il y eût un ballet, qui pouvait s'intercaler d'une façon très vraisemblable au cours d'une réception de gala de Catherine. Et, en fait, il fut assez joli, ce ballet, dans des costumes pimpants, sans anachronisme.

---

1. Ch. Samson devait mourir subitement, à Marseille, un peu avant la guerre, pendant une tournée de conférences qu'il faisait dans le Midi.

Il y avait une particularité qui nous gênait un peu, mais à celle-ci les Floury tenaient comme à une habitude consacrée : c'étaient les « trémolos », les accompagnements plus ou moins motivés du dialogue. Nous demandâmes qu'ils fussent au moins discrets. Le vénérable M. Artus fut le dernier chef d'orchestre qui en conserva la tradition. Combien de situations pathétiques ce vétéran du théâtre avait-il ainsi soulignées, persuadé qu'il les avaient soutenues!

La critique voulut bien traiter favorablement cette tentative. Comme il est difficile de prévoir, au théâtre! Mon collaborateur et moi, nous redoutions une scène où Catherine faisait ouvrir le cercueil de Pierre III, pour s'assurer que l'homme qui avait été son époux était bien mort, puisqu'un révolté, Pougatcheff se faisait passer pour le tzar, utilisant, pour cette imposture, sa ressemblance avec lui. Or, le cercueil était vide. Ce fut cette scène qui décida de l'accueil fait à la pièce.

Le gouffre théâtral l'a avalée, comme tant d'autres. Mais, peu de temps après, je devais retrouver trois de ses interprètes, devenus mes pensionnaires, Aimée Tessandier, Philippe Garnier, Odette de Fehl, d'une beauté ayant de la noblesse, zélée et consciencieuse. Philippe Garnier, qui avait été plusieurs fois le partenaire de Sarah Bernhardt, était, avec son masque césarien, un comédien capable de beaux élans, parfois supérieur, mais inégal et d'un caractère difficile. Je me souviens que, pendant une répétition de *Don Juan de Marana*, d'Edmond Hauraucourt, avec qui il était lié d'amitié, cependant, il fut pris tout à coup, à propos d'une observation anodine que je lui adressai, d'un accès de colère et — la répétition étant avec décors et accessoires — il renversa la table mise pour un festin.

Un rôle de second plan dans *Catherine* était joué par le brave Bouyer, qui finit, je crois, administrateur de la Maison des Comédiens, à Pont-aux-Dames.

C'était un excellent homme qui se prêtait soigneusement à tout ce que lui distribuaient ses directeurs. Il aimait faire des citations, mais il les faisait toujours d'une façon singulière. Ainsi disait-il d'un camarade, en haussant les épaules : « — Il prend le Pirée *pour une ville* ».

Puis ce fut, avec Charles Samson encore comme collaborateur, un grand acte, à l'Odéon, *Louis XVII*. Nous avions prié Jules Lemaître de venir à une répétition.

— Défiez-vous de l'ironie au théâtre, nous dit-il.

— Diable! Et nous qui, en opposant opinions à opinions, aussi fortement étayées les unes que les autres, sur la solution de cette énigme historique, pensions avoir effleuré, au moins, le comique.

Mais Jules Lemaître sourit quand trois
Louis XVII, réunis par hasard sur un banc de
Hyde-Park (il est exact que trois prétendants,
Naundsorff, Richemond et Mèves se trouvèrent
à Londres en même temps) commencèrent à
exposer les arguments plaidant leurs causes,
arguments identiques, et nous fûmes rassurés.

Je me trouvais alors à un moment de ma
vie où elle allait avoir une orientation nouvelle. Je veux dire que mon existence avait
été laborieuse. J'avais aimé mon métier de
journaliste — et ajouterais-je, après en avoir
fait un aussi long exercice, que je l'aime encore? — J'avais connu tous les écrivains notoires et même (c'est un sentiment plus rare,
aujourd'hui, que de ce temps-là) admiré avec
ferveur quelques-uns d'entre eux. Je comptais
à mon actif une trentaine de livres dont les
neuf de mon *Année littéraire*. J'avais tâté du
théâtre comme auteur : j'allais m'y consacrer
pendant dix ans comme directeur. Dans ce
métier-là, il fallait plus de philosophie, ne
fût-ce que pour voir chanceler, dès le début,
quelques camaraderies dont je me croyais sûr,
et, n'étant pas encore tout à fait bronzé, ces
défections m'étonnaient parce que je pensais
n'avoir rien fait pour les motiver. Mais
j'avais pris une place, bien qu'elle ne fût pas
aussi enviable qu'on le pouvait supposer, à
laquelle d'autres avaient pensé, où ma nomi-

nation avait dérangé des calculs. Pour m'expliquer ces changements d'attitude à mon égard, je tâchais de me rappeler modestement un proverbe arabe : « Celui qui fait le geste du commandement laisse voir ses défauts sous l'aisselle ». Malgré mes intentions droites, j'avais sans doute des défauts, consistant notamment à ne pas satisfaire tous les désirs exprimés ou qui se faisaient pressentir. Par contre, pendant ces dix ans je devais nouer des amitiés solides, et qui me sont restées chères. Des anciennes camaraderies, j'ai eu, d'ailleurs, la joie, après le temps où elles s'étaient obscurcies, de voir en revenir quelques-unes — quand je n'ai plus gêné personne.

XIV

LA DIRECTION DE L'ODÉON

J'appris d'une façon assez singulière ma nomination de directeur de l'Odéon, avec Antoine.

J'habitais alors, en face de l'atelier d'Alfred Stevens, une petite maison au bout de l'avenue Frochot, dont on pouvait alors aimer la tranquillité, que lui fit perdre l'installation de l'Abbaye de Thélème. De cette maison, presque rustique, qui fut la seule où j'eus de la place pour mes livres, qui avait un poulailler et où j'avais pu aménager une écurie pour un âne, qu'enfourchait, en cette paisible avenue, mon fils encore enfant, j'ai toujours regretté le jardinet qu'agrandissait l'illusion suscitée par ses deux arbres.

J'étais en train de dîner, revenant du journal, quand on m'annonça la visite d'Antoine. J'allai au-devant de lui, ne sachant ce qu'il avait à me dire. Vanité d'auteur! Je pensais vaguement qu'il venait me parler d'une comédie, *Louis XVII*, que j'avais fait représenter récemment à l'Odéon. Mais il m'assura qu'il s'agissait d'une conversation sérieuse et qu'il attendrait que j'eusse achevé mon repas. Je le fis monter dans mon cabinet de travail, où je le rejoignis bientôt, m'excusant auprès d'un ami qui dînait avec nous.

— Eh bien! me dit-il, sans autre préambule, il faut faire le programme!

J'imaginai, n'ayant eu avec lui que des relations parfaitement cordiales, qu'il voulait bien me consulter, comme sans doute il consultait d'autres, au sujet de quelque grande entreprise qu'il méditait.

— Ne croyez-vous pas qu'il serait bon d'élargir le classique?... fit-il. Corneille, Racine, Molière, évidemment. Mais le répertoire tragique des Grecs, les grandes œuvres étrangères, les fondateurs du théâtre français...

— Vous avez raison. Et, tenez, pour Eschyle *les Perses*, pour Sophocle *Philoctète*, pour Aristophane *Plutus*, dans les traductions bien vivantes...

Et nous voici passant en revue le répertoire des maîtres de toutes les époques. Conversation assurément intéressante, où Antoine jetait des traits justes, en d'expressifs raccourcis.

— Nous sommes donc d'accord sur ce point,

reprit-il. Mais quoiqu'elle soit délicate, c'est la tâche la plus facile; c'est sur le choix des ouvrages modernes qu'on *nous* jugera.

Ce « nous » n'éveilla pas particulièrement mon attention. Ce ne fut que peu à peu, en l'entendant revenir souvent, qu'il me frappa. Puis il fut question des comédiens, dont la valeur, le fond, le passé furent discutés.

— On attendra beaucoup de nous, continua-t-il. Ce que *nous* ferons dès le début décidera de l'avenir.

— Mais, lui dis-je, on connaît votre ardeur, votre force de travail, votre horreur de la routine. Je crois que des compliments, de ma part, sont superflus...

Et ce « nous » qui reparaissait toujours, cependant, à mesure que se déroulait notre entretien. Me croyant averti, Antoine avait jugé inutile de commencer par me dire que notre double nomination était, depuis quelques heures, assurée. Il eût été surpris de mon attitude « objective » s'il n'eût été tout aux projets qu'il formait. Je dois avouer que ce ne fut qu'après quelques instants de cette causerie que j'estimais désintéressée, en ce qui me regardait, que je compris qu'il s'agissait de notre collaboration. Le nom de l'Odéon n'avait pas encore été prononcé. Antoine ne pouvait imaginer que je ne fusse pas, comme lui, informé de la détermination prise par le ministre, qui était M. Rambaud, sur la suggestion de Roujon, directeur des beaux-arts, et le moindre exorde lui avait paru inutile. Il avait abordé tout de suite les détails. A la vérité, j'avais bien, sans faire acte de candidature officielle, porté mes vues sur l'Odéon, mais c'est à quoi je ne songeais plus. En fait, si je ne m'étais engagé qu'avec des tâtonnements sur le terrain qui, pour Antoine, était déjà solide, c'est que je ne savais rien. Je ne devais recevoir que le lendemain une lettre de Roujon, me convoquant aux Beaux-Arts, pour me demander si je me prêtais à la combinaison qu'il avait échafaudée, au « mariage » qu'il avait conçu. Ç'avait été une première phase assez bizarre d'une association, où l'un des associés s'était demandé, un moment, la raison du développement des idées de l'autre.

Le lendemain, Antoine et moi, nous allions des Beaux-Arts au ministère de l'Instruction Publique, où M. Rambaud nous recevait avec bonne grâce. La nomination, décidée la veille, était signée, et elle était accueillie sympathiquement par la presse... Ah! la presse! elle n'allait pas tarder beaucoup à changer de ton!

Je suis persuadé qu'Antoine avait alors le même désir que moi d'une entente amicale et qu'il y apportait la même loyauté. Mais le mariage proposé par Roujon n'eut pas une longue lune de miel. Certains pêcheurs en eau trouble avaient intérêt à désunir le « ménage », le tempérament des « conjoints »

n'était pas fait, au demeurant, pour s'harmo-
niser parfaitement.

Je suis le premier à reconnaître tout ce que
le théâtre doit à Antoine, qui a été un grand
animateur, un grand chercheur, et dont l'action a été considérable; mais, à ce moment,
peut-être envisageait-il l'Odéonie comme un
trop puissant royaume, pouvant supporter
des bouleversements sans danger. D'accord
avec lui pour « aller de l'avant », je ne pouvais pas ne pas émettre quelques objections
sur les moyens à employer. Après si longtemps, je peux assurer que, constatant que
nos deux volontés se heurteraient, je ne son-
geai plus bientôt qu'à reprendre ma liberté et
à laisser à Antoine les responsabilités d'une
direction unique. Je pouvais encore retrouver
les situations que j'avais dû abandonner, et
dont la tranquillité relative m'apparaissait
précieuse. J'envisageais une démission expli-
quée en toute simplicité, et sans rien d'amer
à l'égard de mon associé. Les circonstances
éloignèrent cette solution, qui m'avait paru la
meilleure et m'obligèrent à de la combativité.

Il y eut des jours orageux, pendant qu'on
répétait *le Capitaine Fracasse*. L'affaire de
l'Odéon devint une affaire très parisienne,
ayant son écho à la Chambre. Aujourd'hui
— c'est si loin! — Antoine et moi, nous sou-
rions de nos anciens dissentiments, envenimés
par de prétendus amis. Des scènes de revues

devaient s'en emparer, et nous représenter en boxeurs, ce qui était aller un peu loin, tout de même. Mais ces dissentiments étaient si peu secrets, que lorsque quelqu'un se présentait pour nous voir, le garçon de bureau répondait :

— Impossible maintenant. Ces messieurs se disputent.

Il exagérait aussi. Sans doute, un fossé se creusait-il entre nous; mais, dans la forme, nos discussions gardaient du calme. Aux heures où elles étaient le plus aiguës, je n'oubliais pas, quant à moi, le bel effort d'Antoine au Théâtre-Libre, l'estime qu'il imposait, le courage qu'il avait déployé pendant cette période. Mais alors, il courait seul les risques et, à présent, je les partageais. Je crois que nous aurions pu prendre à notre compte le mot de Marie-Louise sur Napoléon : « Je lui souhaite toutes les prospérités possibles, mais loin de moi. » Bien entendu, les partisans d'Antoine me représentaient comme une sorte de réactionnaire, contrecarrant tous ses projets. C'était la légende qu'ils lançaient. Nous pouvions cependant nous tromper pareillement. Une des rares fois, pendant le peu de temps où nous restâmes de compagnie à l'Odéon, et où nous fûmes du même avis, ce fut pour recevoir une pièce qui devait être un four noir.

Au fond, je suis porté à penser que chacun de nous, à son point de vue, avait raison dans

son attitude. C'est ce qui rendait la concilia-
tion impossible, avec notre caractère également
entier, le sien avec plus de véhémence,
le mien avec de la ténacité.

Après notre séparation (je devrais dire :
notre divorce), la vie, à l'Odéon, dont je gar-
dais la direction, pendant qu'Antoine se préparait, en un théâtre où il serait entièrement
le maître, à de belles et fécondes campagnes,
cette vie ne me fut pas toute rose. Zola a
parlé quelque part du crapaud qu'il est forti-
fiant d'avaler chaque matin. C'étaient des
douzaines de crapauds qui m'étaient servis.
Pendant trois mois, jusqu'à l'éclatant succès
du *Chemineau*, j'en fus abondamment nourri.
Défections d'amis, qu'on pouvait croire sûrs;
perfidies, attaques sournoises, pires que les
autres : ces premiers mois d'Odéon furent
pour moi une fameuse école de philosophie...
Puis, soudain, une répétition générale qui fut
triomphale et qui abolit des espoirs d'une
succession envisagée par certains. Puisqu'il
semblait que je fusse appelé à durer, c'était
un changement d'attitude à mon égard et de
la part de quelques-uns de ceux qui m'avaient
le moins ménagé.

Je devais rester dix ans à l'Odéon — le record, jusqu'à présent, en ce qui concerne le
temps des directions de ce théâtre — et n'en
partir, après un renouvellement du privilège,
que sur ma demande, pour rentrer dans le

journalisme actif, éprouvant, enfin, le désir de m'occuper un peu de moi, après m'être tant occupé des autres. Dix ans d'efforts aux résultats divers, un ensemble favorable, en somme, dont, après tant d'années, je peux parler objectivement, en dépit de circonstances parfois difficiles, comme les répercussions sur l'Odéon en exil, de l'incendie de la Comédie-Française. Il m'était permis de m'en aller avec la satisfaction d'avoir donné quelques œuvres significatives, *l'Enchántement, Résurrection, le Passé, les Noces corinthiennes*, la première reprise *des Corbeaux, la Rabouilleuse, les Ventres dorés, Jeunesse*, avec celle d'avoir formé de durables amitiés, et riche d'observations, pour l'avoir vu de près, sur le monde du théâtre.

XV

REPETITIONS GENERALES

Je me rappelle, comme en une suite d'images, l'attitude de quelques-uns des auteurs dont j'ai fait jouer les pièces, pendant leurs répétitions générales.

Ce sont des heures émouvantes que celles où se décide le sort d'un ouvrage. Les dernières répétitions, le plus souvent, ont laissé une incertitude qui vient d'avoir trop entendu se dérouler les même scènes. Il arrive qu'on ne voit plus clair, qu'on ne juge plus, les observations de quelques intimes qui ont assisté à ce travail troublant plus qu'elles n'aident à se former une opinion sûre. Les uns convient à pratiquer des coupures; les autres, au contraire, trouvent certaines répliques trop brèves; d'autres encore s'attachent à de très menus détails auxquels ils sont les seuls à donner de l'importance. D'autres, enfin, craignant un mauvais accueil à leurs critiques, ont pris le parti de tout louer...

Je revois Jean Richepin, ne se fiant, lui, qu'à soi-même, ayant été peu accessible à ces diverses considérations d'amis, gardant, dans les coulisses, au moment où le rideau se lève sur son œuvre, un calme olympien. Son visage de roi mage exprime la sécurité. S'il a quelque inquiétude, elle ne se reflète pas sur ses traits. Le grand succès du *Chemineau,* qui s'accentue d'acte en acte, il semble se l'être prédit, il l'a attendu. S'il en est heureux, il l'accepte comme légitime. La Fortune cesse-t-elle de lui sourire, comme pour *Les Truands,* c'est le même calme. Il pense seulement que c'est le public qui a tort, cette fois, de ne pas témoigner l'enthousiasme dépensé en une autre occasion.

Catulle Mendès, derrière un portant, se grise de ses vers, les répète à demi-voix, en même temps que l'acteur bat la mesure avec sa canne, comme pour en conduire le rythme.

Emile Bergerat écoute aussi les siens avec un visible plaisir, mais à ce plaisir se mêle une manière de bonhomie optimiste. A mesure que se succèdent les scènes, il paraît se dire : « Eh bien! mais ce n'est pas mal du tout! » Cet optimisme le poussera à exagérer un peu l'effet produit. (Il s'agissait, avec lui, de la pièce qu'il avait tirée du *Capitaine Fracasse*). Cordial, loyal, spirituel, il n'en sera pas moins tenace dans ses protestations contre le retrait de l'affiche ou dans ses désirs d'une reprise.

Mais ses procédés sont si francs, si éloignés de certaines perfidies de quelques-uns, les arguments qu'il emploie ont tant de verve, qu'on regrettera de ne pouvoir le satisfaire.

Anatole France assiste, d'une loge, à la répétition générale des *Noces corinthiennes*, avec Mme de Caillavet. Nulle émotion d'auteur. Il semble qu'il entende l'œuvre d'un autre. Il lui est d'ailleurs impossible de garder tout à fait le silence. Tel vers lui paraît harmonieux, tel autre évoque des souvenirs classiques. Il ne viendra sur le théâtre qu'après le dernier acte pour adresser à ses interprètes (il ne saurait se flatter de nous avoir donné beaucoup de conseils) des compliments où se mêlent la galanterie et l'érudition.

Pendant les répétitions, il a été charmant et le plus facile à vivre des auteurs, mais parfaitement indifférent aux choses de métier. De ses lèvres fleuries sortent d'abondants commentaires historiques et philosophiques, des anecdotes antiques ou modernes qu'il met tant de grâce à conter. Tout ce qu'il dit est exquis, mais n'avance guère le travail. Tessandier, heureusement, compte plus sur son instinct qui la fait s'adapter à un personnage d'un monde dont elle n'a jamais entendu parler, que sur l'aide des développements d'Anatole France, quand il l'entreprend, en l'effarant un peu, sur la fin d'Hellas, blanche sœur des Muses..

C'est un délice d'écouter Anatole France,

mais il faut bien « passer », et je prends le parti de ne le convier qu'à une répétition sur deux. A celle d'où il sera absent, on reste un peu loin de hautes spéculations, mais on déploie toute l'activité nécessaire.

Il y a une musique de scène et des entr'actes de Francis Thomé. Il semble bien qu'Anatole France la trouve superflue, mais il est trop courtois pour ne pas s'excuser auprès du compositeur de son incompétence. Pourtant, à la première audition de l'orchestre, un éclat de trombones le fait sursauter.

— Non! dit-il, tout ce que vous voudrez, mais pas ça! [1]

A ses répétitions générales, on sentait la présence d'Henry Bataille, — sans qu'il fût là.

---

1. Dans une armoire où étaient déposés des manuscrits non réclamés, je trouvai un acte, *Le valet de Madame la Duchesse*, signé Anatole France et L.-X. de Ricard. Ce manuscrit, qui n'avait pas été copié par un copiste professionnel, datait de longtemps. Je fis part de ma découverte à Anatole France qui me répondit aussitôt : « Gardez-vous bien de jouer cet acte! » Il me dit ensuite qu'il avait dû plonger « dans les profondeurs de sa mémoire » pour se rappeler cette fantaisie de jeunesse. Dans la même armoire, il y avait un manuscrit de Mme Surville, la sœur de Balzac, qui avait voulu porter à la scène *la Maison du chat qui pelote*. Quelques corrections semblaient être de la main de Balzac. C'était un cahier, d'une écriture appliquée, sur un papier qui n'est plus commun. Mme Surville l'avait sans doute adressé au théâtre bien des années avant sa mort, qui est de 1871. Ce cahier avait eu le temps de jaunir.

Il était au téléphone, écoutant ses informateurs, se faisant donner des nouvelles d'instant en instant, ou transmettant de suprêmes recommandations. Il s'était agi, à l'Odéon, de *L'Enchantement,* puis de *Résurrection.*

Bataille, pendant les études de sa pièce, ne laissait pas que d'être tyrannique. Il ne se fiait qu'à lui pour quoi que ce fût. Il était, non pas nerveux, car, en apparence, du moins, il paraissait toujours très calme, mais comme tourmenté, souffrant souvent, d'ailleurs, d'une affection du pylore. Il n'admettait guère que ses propres idées, dût-il, par un détour, un peu plus tard, accepter celles qui lui avaient été suggérées, en les modifiant légèrement. Après les répétitions, pendant lesquelles il avait assurément eu raison de se montrer exigeant, mais en répétant volontiers qu'il voyait toujours juste, il m'écrivait de longues lettres qui revenaient sur des points acquis, sur des désirs qu'il avait exprimés, et déjà réalisés. J'étais certain, en venant au théâtre, le soir, de trouver quatre grandes pages qui spécifiaient ses intentions. Encore qu'on eût passé la journée de compagnie, sur le plateau, il avait ce besoin d'écrire. Je crois que c'était pour lui un moyen d'entretenir sa pensée et de la stimuler sur son œuvre, pour trouver quelque menu détail donnant une note pittoresque, ou accentuant l'atmosphère. Cependant, personne ne modifiait moins que lui son texte. Il avait l'orgueil d'avoir fait du définitif.

Incontestablement très artiste (on sait qu'il avait d'abord été peintre, doué d'une sensibilité aiguë), il ne dédaignait pas, comme auteur dramatique, ce qui pouvait aider, par des moyens de publicité, au succès. Alors que les répétitions de *Résurrection* touchaient à leur terme, quoiqu'il ne doutât pas de l'accueil chaleureux qui fut, en effet, réservé à la pièce, il songeait à une manifestation destinée à son lancement.

« J'ai idée, m'écrivait-il, de quelque chose comme un festival Tolstoï, « une soirée Tolstoï », avec une comité composé de gens officiels et d'autres comme Rostand, Hervieu, le président de la Société des gens de lettres, etc. On pourrait faire faire des numéros intéressants. Il y a la fameuse conférence. de Jaurès (très gouvernemental, vous le savez, Jaurès) qu'il devait faire chez Antoine, sur « Tolstoï ». Ce serait une attraction. J'ai vu Saint-Saëns, qui ferait volontiers une cantate. Qu'en pensez-vous, en principe? On pourrait faire ça vers la huitième représentation, ça donnerait un poids considérable... »

Le secrétaire du théâtre n'avait pas à chercher les notes de presse. Henry Bataille les fournissait lui-même abondamment.

Au cours des répétitions, quand on s'accordait un moment de répit, j'étais presque toujours témoin d'une dispute entre Bataille et Berthe Bady, qui jouait le rôle de la Maslowa. Cette querelle avait lieu à heure fixe, dans l'antichambre de mon cabinet, de sorte que, le ton se montant, je ne perdais rien, malgré moi, des propos échangés. Bataille avait fait, cependant, et faisait un grand éloge des dons de Bady.

— Je ne suis pas une bête, disait-il, et je vois juste au théâtre.

La première fois que j'allai chez Bataille, dans l'appartement qu'il occupait alors au premier étage d'une maison de l'avenue du Bois, j'eus quelque surprise en apercevant dans le salon une baignoire d'enfant. L'habitant de cette baignoire, en d'autres moments accroché aux rideaux, était un petit crocodile, choyé autant que peut l'être un crocodile. Il eut une fin singulière : on entendit, un jour, une manière de détonation. C'était le jeune hydrosaurien qui éclatait.

Georges de Porto-Riche, dont j'eus le grand honneur de donner le *Passé,* était, pendant les répétitions, délicieux et terrible. Délicieux par la séduction qu'il exerçait, le charme de son esprit, sa gentillesse, si on peut employer ce mot en parlant d'un tel maître. Terrible par sa sensibilité aiguë, son impatience de la perfection, que le rendait nerveux, le faisait souffrir des tâtonnements, n'étant que la recherche du mieux, de ses interprètes, mais, s'il pensait qu'il eût été un injuste pour des efforts manifestes, avec quelle grâce il guérissait la blessure d'un mot qui, dans la fièvre du travail, avait eu quelque dureté.

Le soir de la répétition générale, où était-il? On l'avait aperçu, un instant, dans le théâtre. Il disparaissait, introuvable. Le voici de nouveau, mais pour se dérober aux compliments des amis qui l'attendent. Comment était-il au fait, pourtant, des moindres particularités de l'acte qui venait de se jouer?

Henry Becque, le soir de la première reprise des *Corbeaux*, dit à ses interprètes féminines :

— Je ne vous ai pas envoyé de fleurs, parce que je n'ai pas le sou, mais je vous embrasserai tout de même.

Paul Bourget (*le Luxe des autres*, avec Henri Amic) a semblé, bien qu'un peu distant, examiner avec quelques curiosité, pendant les répétitions, le mécanisme de la vie théâtrale.

Emile Fabre (la *Rabouilleuse*, les *Ventres dorés*, deux grands succès) s'applique à paraître impassible. Les choses devront se passer telles qu'il les a prévues. Il reste sur la scène, derrière un portant. Mais, tant qu'il entend attester sa maîtrise de soi-même, il a bien de la peine à ne pas laisser son visage s'épanouir quand, de son oreille exercée, il distingue les applaudissements spontanés et vibrants, saluant, non seulement les acteurs, mais aussi l'auteur.

Alexandre Brisson, vieux routier, était imperturbable dans sa bonne humeur.

Henri de Bornier, ramassé dans sa petite taille, suivait, d'une loge, la représentation de son drame, *France d'abord*. Quelque peu oublié, aujourd'hui, malgré la *Fille de Roland*, il était au cours des répétitions, fertile en anecdotes. Il contait volontiers les aventures de son *Mahomet*, interdit sur le désir du Sultan Abdul-Hamid, le « Sultan rouge », ce qui avait été, tout de même, un peu fort. Il revenait d'un court voyage dans sa ville natale, Lunel, je crois. Le maire lui avait fait les honneurs d'un quartier modernisé ; il lui avait montré, notamment, avec fierté, une place, récemment aménagée.

— Elle paraît un peu grande, actuellement, disait-il, mais nous avons une idée.

— Laquelle?

— En son milieu, quand le temps en sera donné, nous mettrons une statue. Et, pensant parler galamment de ce projet, il ajouta : la vôtre.

— Mais, monsieur le maire, fit Henri de Bornier, savez-vous que cette perspective ne m'est pas très agréable : je ne suis pas encore mort.

XVI

LA VIE D'UNE GRANDE SCENE

— Le titre?

— *Botriocéphale,* une fantaisie mythologique.

Ce *Botriocéphale* n'est pas beaucoup resté dans l'œuvre de Saint-Saëns. Il est vrai que ce n'était pas de la musique, mais une comédie en un acte. C'était le péché mignon du compositeur que ces pointes dans un autre domaine que celui qui l'avait rendu illustre. Il ne laissait pas que de tenir à ces pièces qu'il avait écrites, en vers ou en prose. Quand l'Odéon alla donner, dans les arènes de Béziers, sa *Déjanire,* qui fut un des premiers grands spectacles en plein air, sa partition, sur un poème tragique (assez pâle, d'ailleurs) de Louis Gallet, reçut de l'enthousiaste Midi un accueil chaleureux, auquel il fut loin d'être insensible, car il n'avait pas accoutumé de triompher modestement. Mais il eut, je crois, plus de satisfaction intime à voir représenter, au théâtre de la ville, dans d'assez humbles conditions, une comédie en trois actes dont il était l'auteur.

Comment refuser au maître le plaisir de mettre à la scène ce *Botriocéphale,* pour lequel il avait une prédilection, à une des matinées populaires du samedi?

La tâche est lourde, à l'Odéon, avec tout ce qu'impose le programme, très chargé, d'une saison — sans parler de l'imprévu, qui joue aussi son rôle. J'avais institué cependant des « Samedis populaires » qui offraient, à des prix vraiment démocratiques, non des lectures ou des récitations, mais un spectacle d'une heure ou d'une heure un quart. On pouvait encore, en ce temps-là, se donner le luxe d'une tentative désintéressée. Si minimes que fussent les tarifs, qui sembleraient incroyables aujourd'hui, cette conception avait pourtant un côté pratique. Il y avait, pour ces séances, un public assidu, qui pouvait devenir un public fidèle pour les représentations ordinaires.

On plantait un décor approprié, les artistes paraissaient en costume, s'il en était besoin. C'était une courte pièce un peu exceptionnelle ou l'illustration dramatique d'un sujet, une idée générale développée par des scènes prises chez les maîtres de théâtre. J'ai sur la conscience d'avoir mis la mémoire de comédiens à une rude épreuve, mais, dans son ardeur, la jeune troupe de l'Odéon était habituée à braver les difficultés avec vaillance et bonne humeur. Une causerie précédait cette représentation, ou, selon les cas, l'accompagnait, pour former un lien entre les scènes.

La préparation de ces « Samedis » était amusante. Les conférenciers qui me prêtaient leur concours se réunissaient dans mon cabinet, et, en fumant des cigarettes, on échangeait des suggestions (non sans la diversion d'anecdotes contées par l'un ou par l'autre) pour le prochain spectacle. Il y avait là G. Lenôtre, ami de l'Odéon, qui ne voulut jamais prendre la parole, mais qui donnait de bons conseils. Franc-Nohain, tout jeune, qui avait fort réussi dans ce genre de causeries, où il apportait son esprit ironique, avec une grâce qui lui était propre et qu'il a conservée en de plus importantes occasions; Auguste Dorchain qui, orfèvre, préconisait les sujets poétiques; Léopold Lacour, prêt à dépenser son éloquence fougueuse; Léo Claretie (qui eût, alors, imaginé sa fin tragique!) Funck-Brentano, qui, sachant tout, pouvait parler sur tout. On entendit Henry Fouquier, Severine, Laurent Tailhade, Nozière, Sarcey, qui, le cou enveloppé d'un cache-nez rouge, fit, à l'un de ces « cinq heures » sa dernière conférence; Raymond Recouly, revenant de la dure campagne de Mandchourie. Lui et moi, nous devions convier à se réunir, en un dîner, qui fut présidé par

Edouard Lockroy, les journalistes qui, à différentes époques, avaient été correspondants de guerre, les anciens et les jeunes. Pour attester qu'il ne s'agissait que d'évoquer des souvenirs, ce dîner fut donné au café de la Paix.

Ces « Samedis » avaient aussi un intérêt pour les artistes. Ils leur permettaient de montrer leur souplesse en dehors de leur emploi habituel, et même, d'attester d'autres talents. Cora Laparcerie se révélait chanteuse, douée d'une belle voix grave. Tel tragédien témoignait de sa belle humeur, comme Dorival, dans *Botriocéphale*.

Directeur d'une scène littéraire, j'ai pourtant donné des œuvres qui comportaient une importante partition de grands compositeurs. Je pus étudier, dans l'intimité des répétitions, les traits caractéristiques qui rendaient si dissemblables Saint-Saëns et Massenet, tous deux assurément se laissant volontiers aduler, mais l'un ayant un fond de dureté dans son orgueil, l'autre sensible jusqu'à la prompte susceptibilité, impérieux sans doute, lui aussi, cependant même en ces moments-là, cherchant à convaincre par une sorte de séduction. Il y avait assurément quelque affectation de sa part quand, feuilletant un morceau de quelque obscur compositeur ou de quelque débutant, il disait : « Ah! que je voudrais avoir écrit cela! » Si son caractère était extrêmement changeant, s'il fallait prendre garde aux mots qui, bien que dits innocemment, pouvaient provoquer chez lui un accès de colère, il savait un instant après, avoir un charme de simplicité que ne possédait pas Saint-Saëns, qui avait le « moi » exigeant d'hommages et tyrannique. C'est une bien petite touche dans un portrait que l'on ferait de l'auteur de *Samson et Dalila*. A Béziers, pendant les dernières répétitions de *Déjanire*, la chaleur était lourde et tout le monde se servait d'un éventail en papier. A un déjeuner chez M. Castillon de Bauxhostes, qui était le président des fêtes, la voisine de table du maître, une interprète de la tragédie qu'il avait ennoblie de sa musique, lui demanda de mettre sa signature sur son éventail, qu'elle lui présenta. Son autre voisine fit de même. Saint-Saëns parut étonné, puis presque indigné, restant le crayon à la main, que ce mouvement ne fût pas suivi par les autres convives, occupés par leurs conversations, et ne songeant pas à obtenir de lui un autographe. Il était comme un roi, surpris d'un manque de déférence de ses sujets. Je ne prétends pas tirer des conclusions de ce fait infime; je le note, toutefois, comme assez significatif. Je ne l'entendis jamais parler que de lui. Peut-être n'y avait-il qu'une attitude voulue dans son air bourru. Je sais qu'il eut des amis, et des amis qui l'aimaient.

Massenet, bien que d'humeur inégale, était de relations plus aimables. Se retrouvant à l'Odéon, il se plaisait à rappeler que, jadis, à ses débuts, il avait fait partie, comme timbalier, de l'orchestre, alors permanent, du théâtre. Ce souvenir lui inspira la pensée délicate d'abandonner ses droits d'auteur en faveur du jeune musicien qui faisait exécuter la petite mais exquise partition qu'il avait écrite pour le *Grillon du Foyer* : il se trouva que ce n'était pas un mince cadeau, car ce *Grillon du foyer*, de M. de Fransmesnil, d'après Dickens, fut, après sa première carrière, souvent repris par Paul Gavault, qui succéda à Antoine, et joué sur d'autres scènes.

Tandis qu'on répétait *Phèdre*, avec sa partition, je reçus de Massenet un billet où il s'excusait de ne pouvoir venir, se terminant par ce post-scriptum : « Quelle veine, je suis malade; je vais pouvoir travailler. »

Je ne fais pas ici une histoire de l'Odéon pendant ma direction; je cueille, en passant, quelques souvenirs. Il m'est agréable de penser, aujourd'hui, à la bonne intelligence qui régna entre les artistes et moi.

Il y a, hélas! bien des disparus, Aimée Tessandier, Taillade, Saint-Germain, de Max, Dumény, Coste, Chelles, Marquet, mais je souhaiterais que les survivants, heureusement plus nombreux, se rappelassent les années que nous avons passées ensemble, avec la même sympathie que j'ai gardée pour eux. Le Conservatoire me donna une suite de brillantes lauréates, Mlles Garrick, Pierat, Page, Sylvie, Sergine, Ventura. La Comédie Française, selon son droit, me prenait quelques-unes d'entre elles au bout d'un an ou deux. A la Comédie, qui avait appelé à elle Mme Segond-Weber, je devais revoir Mmes Sorel, Dux, Catherine Fonteney, Brille, Even qui venaient de la rive gauche, à côté de Siblot et de Mayer, celui-ci ayant passé presque toute une saison, pour cause du succès de la pièce qu'il jouait, à l'Odéon de mon temps, *Chateau historique*, ou de Dorival.

Je rencontre souvent Burguet, qui a été, lui aussi directeur, Roussell, devenu un maître de la cinématographie, Léonce Perret, également cinéaste, Maxudian, qui a passé avec armes et bagages de la tragédie au « septième art », Vargas, Janvier, qui dirige les Tournées Baret, Severin, d'autres encore avec lesquels s'échangent des réminiscences d'un temps lointain, mais ils étaient alors fort jeunes.

Le soir de la première représentation de la *Colinette*, de Lenôtre, Burguet eut à faire une annonce dont il doit se souvenir. Il prévenait le public que l'indisposition subite d'un de ses camarades obligerait à faire lire par un autre le rôle que celui-ci devait jouer. Il y a aussi du dramatique dans la vie d'un théâtre. En réalité, je venais de recevoir — on avait déjà donné la petite pièce — une dépêche laconique, m'apprenant la mort du bon comédien Montbars, qui, la veille, à la répétition générale, avait été fort plaisant dans un rôle épisodique. J'allai trouver Céalis qui, ayant paru dans le lever de rideau, se déshabillait, et je lui dis le service que j'attendais de lui, en lisant le rôle. — Montbars mort! fit-il, et de grosses larmes lui vinrent aux yeux. Puis, tout à coup, sur un autre ton : — C'est curieux, j'avais toujours pensé que je jouerais ce personnage.

Roussell me fait songer à une autre histoire. Pendant un an, Larroumet, dont le buste reçoit, sur le mur de la Comédie Française, du côté de l'entrée du Palais-Royal, toutes les poussières, le transformant en nègre, avait insisté, pour que je donnasse, en matinée classique, le *Prince Travesti*, de Marivaux. J'hésitais, car la pièce, si elle est d'une lecture délicieuse, me paraissait devoir être froide à la scène. Mais il revenait sans cesse à la charge, et il mettait une sorte d'éloquence à soutenir les raisons de cette première reprise depuis le xviiie siècle. Je finis par céder au désir qu'il exprimait avec tant de constance. La tentative, somme toute, ne pouvait être qu'honorable. Larroumet vint à des répétitions, comme s'il représentait la famille de l'auteur. Les interprètes, dont Roussell, qui jouait Lelio, s'étaient donné beaucoup de peine pour retenir un texte difficile. Ceux qui s'étaient employés à réaliser le vœu de Larroumet ne furent pas peu surpris quand ils lurent, dans son feuilleton du *Temps,* des réflexions sur l'inutilité de cette résurrection. Il en estimait l'idée « singulière ». La pièce n'ayant été écoutée par le public qu'avec déférence pour le grand nom de Marivaux, il oubliait cavalièrement que cette idée venait de lui. Mais ne faut-il pas être habitué à tout, au théâtre?

Avec Gémier, qui devait être un de mes successeurs, après avoir été un collaborateur précieux, c'étaient des relations amicales, qui se sont continuées. Il reprit, dans une version nouvelle *Crime et Châtiment* et un conte oriental en deux actes, *Baldour,* dont le compositeur, Fourdrain, avait écrit la musique. C'était une sensation curieuse, que j'avais déjà connue avec Paul Gavault, montant avec soin une pièce inspirée de la *Chartreuse de Parme,* de revenir comme auteur dans le théâtre que j'avais dirigé. Je n'avais plus qu'à me fier à d'autres, dont l'accueil était particulièrement cordial, recevant des conseils au lieu d'en donner, mais j'étais tenté de reprendre d'anciennes habitudes, et je m'étonnais presque de la liberté qui m'était rendue après les répétitions, alors que mes aimables hôtes, dans cette Maison où le travail est incessant, avaient à s'occuper de tant de questions.

Je me rappelle un trait que je trouve touchant, de passion du métier, même à l'âge où il faut y renoncer. Les gens de théâtre n'ont pas oublié la bonne Mme Crosnier qui fut une artiste d'une conscience imposant le respect, vaillante aussi : le soir de la première représentation de *Germinie Lacerteux,* elle avait tenu tête, au tableau du goûter des petites filles, à un orage déchaîné. Défendant sans se troubler son auteur, Edmond de Goncourt, objet de cette manifestation violente, elle avait réussi, par son autorité, à ramener le calme. De mon temps, son grand cheval de bataille était la scène de la Renaude dans l'*Arlésienne.* Il fallut bien, cependant, qu'elle se soumît à la vieillesse et qu'elle abandonnât, non sans regrets, le théâtre. On l'estimait et on l'aimait. On organisa pour elle une représentation de retraite, puis une autre.

Cependant, malgré la simplicité de sa vie, ses ressources s'étaient épuisées. Elle vint, timidement, me parler d'une représentation à son bénéfice. C'était une demande qui en raison de ses longs services, ne pouvait être qu'accueillie volontiers. On commençait à établir un programme quand ce travail de préparation cessa d'être utile. La Duse était alors à Paris. L'intervention de Lugné Poë la décida à prêter son concours à cette représentation. Mais la prestigieuse comédienne ne se contenta pas d'y paraître. Elle savait la dignité de la carrière de Mme Crosnier, elle s'émut de sa situation difficile, et elle déclara qu'elle composerait, avec sa troupe à elle, le spectacle tout entier, en donnant la *Seconde Madame Tanqueray,* une pièce où elle était particulièrement admirable.

— Bonne nouvelle! dis-je à Mme Crosnier. Voici une belle recette assurée.

Mme Crosnier, assurément touchée de cette pensée de la Duse, ne me parut pas, cependant, aussi satisfaite que j'aurais pensé qu'elle dût l'être.

— Elle tiendra tout le spectacle? fit-elle.

— Oui, la comédie dramatique de Pinero en quatre actes, assez longs.

(Je connaissais bien la pièce : je l'avais donnée l'année précédente, dans la traduction de Robert d'Humières, et Berthe Bady avait joué le rôle de Madame Tanqueray.)

Je félicitai Mme Crosnier de l'aubaine qui lui vaudrait un résultat matériel supérieur à ce qu'elle avait pu espérer. Je vis bien, toutefois, que ce n'était pas, chez elle, un contentement complet. Il semblait qu'elle eût quelque chose à dire qu'elle n'osait exprimer.

La représentation eut lieu. Le grand nom de la Duse, sur les affiches, fit l'effet attendu. La salle était comble. Ce furent pour l'illustre artiste italienne des ovations sans nombre. Contrairement à d'autres représentations à bénéfice, qui laissent un déficit au bénéficiaire, celle-ci avait été largement productive.

La Duse avait accoutumé, aussitôt le rideau

baissé après le dernier acte, de remonter rapidement dans sa loge où, ayant dépensé toute
son âme, elle s'isolait quelque temps. Avant
qu'elle eût quitté le plateau, je poussai vers
elle Mme Crosnier.

— Allez vite lui dire votre gratitude pour ce
généreux témoignage de sympathie qu'elle
vous a donné.

Mme Crosnier la remercia, en effet, mais
avec un peu d'embarras, et comme avec une
sorte de restriction, malgré elle. Il n'était pas
douteux qu'elle lui fût reconnaissante, mais
non, pourtant, sans une sorte d'amertume.

La vérité, qu'elle m'avoua quelques instants
plus tard, alors que je m'étonnais qu'elle n'eût
pas mis plus d'effusion dans l'expression de
cette reconnaissance, était que, en occupant
la scène pendant toute la Matinée, la Duse
l'avait empêchée de jouer encore une fois
la Renaude. Avec le désintéressement qui
lui venait de son attachement persistant
au théâtre, lui manquant, bien qu'elle comprît
l'obligation de s'en retirer, elle était moins
sensible au chiffre de la recette, la mettant
à l'abri de la détresse, qu'à la privation de
cette joie de fouler encore les planches dans
cet acte de l'*Arlésienne* où la vieillesse était
permise.

L'incendie de la Comédie Française devait
avoir sa répercussion sur l'Odéon, qui répétait

alors la *Guerre en dentelles* de G. d'Esparbès et Gassier.

Spectacle terrifiant, contemplé du fond de la salle où on pouvait encore pénétrer, quand j'arrivai. Le feu trouvait des aliments faciles dans les charpentes de la scène. C'était, à chaque instant, des écroulements de toutes les parties qui la composaient, dans un flamboiement infernal, une vision inoubliable, qui laissait dans la stupeur du désastre. J'entendis à mes côtés une voix bien connue : c'était celle de Lintilhac, un excellent homme et qui était un puits d'érudition, mais qui n'avait pas toujours le sens exact de l'à-propos. Tandis qu'on avait le cœur serré, car le bruit se répandait déjà qu'il y eut une victime, la pauvre petite Henriot, asphyxiée dans sa loge, Lintilhac émettait des théories sur l'aménagement des théâtres.

— Il faut tous, disait-il, les reconstruire à l'antique, et il abondait en considérations sur le système qu'il préconisait.

Dans son cabinet, épargné par le feu, Jules Claretie, le visage extrêmement pâle, les traits crispés, maître de soi, pourtant, à force de volonté, répondait aux questions qu'on venait lui poser ou s'entretenait avec ceux qui lui apportaient le réconfort de leur sympathie.

Le jour même, à six heures, j'étais convié au ministère, où M. Leygues, alors ministre de l'instruction publique, me demandait de céder la salle du Second Théâtre français au premier. Les raisons qu'il faisait valoir étaient des meilleures, mais j'avais, quant à moi, à défendre les intérêts de la Maison qui m'était confiée, et j'émis les objections que je devais faire. Que deviendrions-nous, nous autres, si nous étions contraints de nous exiler? La solution fut remise au lendemain, mais il s'en fallut de beaucoup qu'elle fût trouvée aussi tôt. Que d'heures d'attente passées au Ministère, ayant heureusement, au cabinet du ministre l'aimable compagnie de Pol Neveux, qui m'invitait spirituellement à la philosophie.

On sait comment, après l'échafaudage de bien des combinaisons, l'Odéon prit possession de la salle du Gymnase qui ne lui avait pas été abandonnée par pure solidarité, tandis que la Comédie s'installait à l'Odéon. Le public n'aime pas à être dérangé dans ses habitudes : les deux théâtres en firent l'épreuve. Les odeurs du restaurant Marguery pénétraient dans mon cabinet provisoire et, les jours creux, qui furent d'abord fréquents, me faisaient penser au petit pauvre qui ne pouvait se régaler que du fumet des volailles d'une rôtisserie. L'*Arlésienne* elle-même (il fallait caser des musiciens de l'orchestre Colonne dans les deux baignoires d'avant-scène) n'amenait pas de nombreux spectateurs. Le répertoire classique n'attirait guère, au Gymnase, quelque effort qu'on fît pour lui donner de l'éclat par une interprétation particulièrement soigneuse. Une fort aimable comédie, le *Petit Chaperon rouge,* parut dépaysée dans une salle déshabituée aux vers. Je ne manquais pas, on peut le croire, d'avis intéressés d'auteurs qui assuraient qu'ils avaient, tout prêt, un ouvrage « genre Gymnase », qui conviendrait parfaitement à la situation.

Cependant, il y eut une revanche, un peu trop tardive, toutefois, avec l'*Enchantement,* d'Henry Bataille, sa première œuvre abordant un théâtre régulier. Jane Hading avait été engagée pour les représentations de cette pièce où se manifestaient d'une manière caractéristique, avec plus de sincérité même que dans d'autres pièces, qui devaient établir sa maîtrise, les grandes qualités d'Henry Bataille. Je ne saurais oublier la part que Marthe Régnier eut au succès par quoi, en dépit des obstacles, se terminait cette saison heurtée.

Nous revînmes « chez nous » en septembre, la Comédie allant du Théâtre Réjane (aujourd'hui Théâtre de Paris), au Théâtre Sarah-Bernhardt. Et ce fut la reprise des études de la *Guerre en dentelles,* assez grosse partie, car la pièce avait été coûteuse à monter. J'ai longtemps revu les costumes Louis XV qui avaient été dessinés par un artiste au goût délicat, Paul Steck. Mes successeurs les avaient utilisés, quand ils avaient eu besoin d'habits de cette époque. Je ne dis pas que cette comédie héroïque fût d'un équilibre parfait, mais elle était sympathique, dans une élégance de sentiments bien français. De Max y jouait le rôle d'un marquis téméraire au feu et galant, raffiné dans ses plaisirs. A l'acte qui se passait dans un camp, en face de l'ennemi, il dansait fort agréablement, tout tragédien qu'il fût, un menuet avec les autres interprètes.

Pendant que le public applaudissait, il se passait sur le théâtre un drame réel, Alfred Gassier, le collaborateur de d'Esparbès, se trouva mal à l'aise. Il quitta péniblement ma loge, d'où il assistait à la représentation, chercha à gagner les couloirs menant à l'administration, et tomba lourdement devant l'escalier qui, de la scène, y conduisait. On le transporta, au plus près, dans le bureau du régisseur, Dherbilly. Le visage de Gassier, petit homme gros et court, était devenu absolument noir. Le médecin de service, prévenu, arriva. Il considéra le malade, inanimé, hocha la tête, et déclara « qu'il n'y avait plus rien à faire ». Contraste du théâtre : sur la scène se poursuivait une action légère et souriante : à quelques pas de là, c'était un moribond.

Un autre médecin se trouvait, par hasard, en visite amicale dàns la loge de Mlle Page. Averti, le docteur O'Follovell accourut.

— Mais, mon cher confrère, dit-il, il faut

tout tenter, jusqu'à la dernière minute.

Quel tableau pittoresque, s'il n'eût été aussi pénible, m'est resté devant les yeux! Nous étions quelques-uns, devant ce malheureux Gassier, consternés par la sentence portée par le premier médecin, ne sachant que faire. Dans son pimpant costume, Mlle Page, qui n'était pas de l'acte se déroulant en ce moment, se pencha sur Gassier, défit son faux-col et sa cravate, lui dégagea le cou. Jamais infirmière n'avait eu d'aussi brillants atours. Le docteur O'Followell, cependant, jugeait qu'une saignée était urgente. Il n'avait pas d'instruments, mais il n'y avait pas une seconde à perdre. Il prit sur la table de Dherbilly un canif (comment, en cet instant, se préoccuper d'antiseptie?) fit étaler une serviette, et, avec cette lancette de fortune, saigna Gassier. Que de petites choses se mêlent aux choses graves! Certes, Dherbilly souhaitait sincèrement le salut de Gassier, mais il était l'homme le plus ordonné qui fût, et il suivait anxieusement l'opération, craignant que des taches de sang ne restassent sur son tapis.

L'intervention du docteur O'Followell eut un résultat efficace. Gassier, condamné tout à l'heure, ouvrit les yeux, revint à la vie, On put le reconduire chez lui. Mais cette résurrection ne fut pas de longue durée, et il mourut peu de temps après cette attaque.

Chaque pièce évoquerait un souvenir. Am-

broise Janvier de la Motte, de qui j'avais joué
Mon Enfant, une comédie charmante, d'une
verve soutenue [1] et qui avait été un succès,
m'apporta une pièce dont il me dit lui-même,
avec son espèce de bredouillement.

— Ce n'est pas gai !

Cette pièce, intitulée les *Appeleurs* (par allusion aux oiseaux captifs dont des chasseurs
se servent pour appeler les oiseaux libres) était
en effet fort sombre, mais elle avait un accent
pathétique et de la grandeur. La *Rabouilleuse,*
d'Emile Fabre, venait d'avoir une destinée
heureuse. J'estimai que le devoir du directeur
de l'Odéon était de représenter une œuvre
originale et forte, fût-ce sans beaucoup d'illusions sur la carrière qu'elle pouvait faire.
Sait-on beaucoup de gré de ces tentatives
désintéressées? Une réussite matérielle produit plus d'impression. Le chiffre des recettes
est le critérium auquel on est le plus sensible,
et même, s'il faut tout dire, au ministère de
qui dépendent les théâtres nationaux.

Certes, non, la pièce n'était pas « gaie ».
On voyait passer, au fond du théâtre, un enterrement, et on se heurtait dans les coulisses
à un cercueil, utilisé pour cette scène. Mais
Sylvie, tout enveloppée d'un mysticisme farou-

---

1. La répétition générale avait été donnée dans la
journée. Ses principaux interprètes, Tessandier, Marquet,
Albert Lambert père, jouaient, le soir, une tragédie du
répertoire classique.

che, fut tout à fait remarquable dans ces trois actes graves. Si je parle des *Appeleurs,* qui suscitèrent, du moins, des articles reconnaissant la valeur de cet ouvrage, c'est que, peu de temps après, on apprenait le suicide de Janvier de la Motte. On ne pouvait croire que, riche, apprécié comme auteur dramatique, ayant des amis, gardant une aimable bonhomie, il y eût en lui ce dégoût de la vie.

Dans le foyer du public, j'essayai, pendant une saison, de rendre les entr'actes moins fastidieux par de petits concerts de bonne musique, que dirigeait Francis Thane. L'innovation parut plaire, et l'idée fut appréciée. L'inconvénient était que, bien qu'on eût minuté les morceaux, le chef d'orchestre, se complaisant dans son rôle, cédât à la tentation de prolonger l'entr'acte. Chacun a tendance à ne penser qu'à soi. Je remarquais qu'il couvrait volontiers de bruits harmonieux le tintement de la sonnette d'appel qui invitait à regagner la salle.

XVII

LE SAC DE MADEMOISELLE X

Le permanent exercice de l'imagination est un des éléments psychologiques de la vie théâtrale... Heureusement pour ceux des acteurs qui sont chargés de besognes modestes et qui, par là, leur donnent de l'importance. Je me souviens que, après la lecture d'une pièce par l'auteur, un de ces comédiens destinés aux rôles effacés manifestait une visible satisfaction.

— Tu es facilement content, lui dit un camarade; tu n'as que deux mots à dire.

— Oui, fit l'autre, mais la pièce se passe chez le personnage que je représente, chez moi!

Au théâtre, on n'aperçoit les choses qu'avec un verre grossissant, soit pour des questions d'amour-propre, soit à propos du moindre événement. Il est merveilleux de constater comment les conversations de coulisses transforment un menu fait. Et, de cette fureur d'exagération, tout le monde est atteint, depuis les premiers des artistes jusqu'au dernier des employés.

Un jour, après la répétition, une actrice, dont on continue à célébrer la beauté et l'élégance, s'aperçoit qu'elle ne retrouve plus son sac à main que, au moment où elle entrait en scène, elle avait déposé sur une chaise. Elle s'étonne, puis s'inquiète et questionne. Le préposé aux accessoires, l'électricien, les garçons de théâtre n'ont cependant remarqué aucune allée et venue suspecte. Comment le sac a-t-il disparu? Le régisseur, prévenu, prend une physionomie grave. Il fait faire des recherches minutieuses, qui n'aboutissent à rien. A son tour, il avertit le directeur, qui ne veut croire, d'abord, qu'à une étourderie de la comédienne; mais une rumeur monte et, si pénible qu'il soit d'employer le mot, on parle d'un vol.

Le réticule contenait de l'argent et des bijoux dont la « victime », un peu ennuyée des proportions aussi vite prises par l'affaire, donne cependant la description, que certains trouvent bien fastueuse. Elle tient surtout, dit-elle, comme à un souvenir cher, à une trousse en or, d'un délicat travail... Maintenant, les commentaires vont leur train, et on ne peut plus les arrêter.

Bien qu'on n'ait pas sollicité son intervention, le commissaire de police a été informé. Le plus souvent, le commissaire est un hôte aimable du théâtre, s'intéressant à tout ce qui s'y passe, considéré comme un ami de la maison. Mais celui-ci est un homme d'âge, sur le point de prendre sa retraite, et qui, au contraire d'autres, à mesure que cette échéance approche, redouble de zèle. L'affaire excite sa curiosité, et c'est à grand'peine qu'on obtient qu'il ne s'en mêle pas encore officiellement, car, enfin, elle exige quelque prudence. Il a une théorie qu'il expose complaisamment :

— Mon système consiste à former un grand cercle... puis le cercle se rétrécit de plus en plus, et je tiens le coupable.

Je m'impatientai un peu de son intrusion, persuadé qu'une enquête, menée plus discrètement, aurait plus de chances de succès. Mais il était trop tard, et il fallait laisser interroger tous ceux qui pouvaient ou qui croyaient savoir quelque chose.

Bientôt, c'est tout le monde. Sur le palier de l'escalier, qui est la « potinière « habituelle, des groupes se forment. On attend impatiemment la sortie de mon cabinet des artistes conviés à apporter leur témoignage. Les commérages, comme on pense, ne font pas défaut. Il est beau de voir les airs sérieux que l'on prend : il semble que chacun s'accorde soudain une importance particulière. Si quelques-uns, les plus réservés, se donnent une apparence d'accablement très digne (n'est-ce pas comme un rôle qu'ils ont à jouer?) pour déplorer un fait « qui atteint la réputation du théâtre », d'autres à mots couverts émettent leur opinion et, inconsciemment, sans doute, jettent de petites perfidies. L'artiste à qui on a soustrait ses bijoux est sur la sellette et, en dépit des premières formules sympathiques, ne laisse pas que de passer un assez ennuyeux quart d'heure.

Les « interrogatoires » se poursuivent.

— Voyons, dit le commissaire, avez-vous des soupçons sur quelqu'un?

Oh! c'est presque de l'indignation d'abord, à cette question! On serait désolé de nuire à qui que ce fût... Cependant... Et les réponses trahissent peu à peu, avec une jolie hypocrisie, d'anciennes rancunes... Ce serait désolant... Mais enfin, tout est possible... Et, tout doucement, de peu charitables hypothèses sont lancées. La vie privée des camarades est racontée avec un extraordinaire luxe de détails...

Et, aussitôt, c'est une atmosphère de suspicion générale. Et il s'agit pourtant de braves gens, capables en d'autres occasions d'attester une amicale solidarité... Mais quoi, c'est le théâtre! Tout s'amplifie. Chaque « témoin », par une habitude professionnelle, cherche à se mettre en avant.

Le zélé commissaire est perplexe. Il a éliminé le petit personnel, qu'on ne peut décidément incriminer.

— Hélas! dit-il, il faut bien que nous cherchions plus haut.

Paroles vite commentées et considérablement interprétées. Dans les couloirs, au foyer, sur le plateau, on chuchote, et chacun propose son moyen d'arriver à la découverte de la vérité.

Mais on n'en peut rester toujours au même point. Les conversations sur l'événement le transforment. Des gens qui se piquent d'être très bien informés laissent entendre, mystérieusement encore, qu'ils connaissent, eux, le vrai secret. Mlle X..., fort au-dessus de la misérable perte de quelques bijoux, s'est bien émue de ce qui lui arrivait de fâcheux. Pourquoi? Voici : c'est que le sac contenait des lettres compromettantes pour un haut, pour un très haut personnage... Un instant encore, et ce sera dans un but politique qu'on les aura dérobées.

Oh! le rapide travail de l'imagination! Maintenant, on *sait* le véritable mobile du larcin. Les lettres, les redoutables lettres dont peut se servir un adversaire, étaient seules en cause. On en arrive à en dire le texte. Un roman s'échafaude.

Et on se rappelle, à présent. On se rappelle des choses — que personne n'a vues. Dans ces racontars, apparaît « l'homme brun » de tous les procès criminels. A la porte du théâtre, près de l'entrée des artistes, on l'a aperçu, avec une figure qui n'indiquait que de mauvaises intentions... On rougit un peu des insinuations qui ont été portées trop légèrement. Il y a une gêne générale : on s'est repris. On se convainc qu'on est entre honnêtes camarades, incapables de manquer à la probité, et on regrette d'imprudentes suppositions. A l'heure actuelle, ce sont les fameuses lettres qui font les frais de toutes les discussions. Il est de fait, d'après ce qu'on colporte, qu'elles seraient d'une divulgation déplorable... Il y a là, assure-t-on, des mots d'un significatif!...

Cependant, le surlendemain, un machiniste, en déblayant une « case », trouve, pendu à un crochet, le sac dont on a tant parlé. Il n'a point bougé, depuis qu'on l'y a accroché, par mégarde. C'est comme dans un conte d'Edgar Poe : il était si facile de l'apercevoir qu'on l'a cherché partout, sauf à l'endroit où il était presque apparent.

C'est un dénouement un peu plat, après tant d'ingénieuses inductions. Mais, maintenant, autre attitude : celle d'un grand soulagement; on s'indigne des soupçons émis par certains. Il y a une réaction, l'artiste qui, depuis quarante-huit heures, a tant occupé d'elle l'opinion du théâtre, est félicitée avec la même exagération, comme si elle avait échappé à un grand péril... Elle est, toutefois, un peu embarrassée : c'est qu'elle ne peut pas, malgré la curiosité éveillée de tous, détailler le contenu du réticule retrouvé; c'est que, par imagination, elle aussi, elle avait fait une description un peu trop flatteuse de bijoux qui n'étaient que des accessoires de toilette sans grande valeur. Quant aux papiers, ils se bornaient à un bulletin de répétition.

Je ne sais plus qui a dit que l'individu sans imagination était comme un observatoire sans télescope. Ce n'est pas au théâtre qu'on le trouve, celui-là !

XVIII

LE PRESTIGE DES PLANCHES

Vers la fin de la saison théâtrale vient le moment des auditions d'artistes aspirant à un engagement. C'est là qu'on voit de près ce qu'est la passion du théâtre, avec les ravages qu'elle peut exercer dans une âme! C'est là qu'on voit la force des illusions et des espoirs enracinés contre toute vraisemblance, et des rêves, touchants, parfois, dans leur absurdité, en un désir éperdu de suivre, malgré des imperfections et des défauts physiques, la carrière dramatique...

Sans ces « auditions », que donnent, pendant une quinzaine de jours, les grands théâtres, on ne se douterait pas du nombre, véritablement incroyable, de gens que pique la tarentule de la scène. Pour la grande majorité, c'est, après quelques vers ou le commencement d'une scène, l'inévitable déception, le directeur interrompant par un :

— Je vous remercie, mademoiselle...
ou :
— Cela suffit, monsieur...
Mais la folie de l'espérance, quand même, malgré tout, reprend vite ces victimes désignées du destin. Elles ont tôt fait de s'expliquer les raisons de leur échec, les plus modestes l'attribuant à leur émotion, les autres invoquant des prétextes qui sauvegardent leur amour-propre :
— Parbleu ! on ne m'a pas écouté...
Et elles recommencent ailleurs la même épreuve, avec les mêmes anxiétés, les mêmes ardeurs — et les mêmes déboires. Elles recommenceront pendant des années...

Je reçus, un jour, annoncée par une lettre d'un ami commun, la visite d'un brave homme qui paraissait bouleversé. Il déclina ses titres: il avait une honorable situation dans l'administration, dans une ville de l'Ouest, et il était aisé de se rendre compte qu'il dût être le plus zélé des fonctionnaires.
L'émotion lui serrait la gorge, et ce ne fut qu'après un moment qu'il reprit un peu d'assurance.
— Monsieur, dit-il, il nous est arrivé une chose désolante... Nous étions, et nous pourrions être encore très heureux, en famille. Je n'ai pas de fortune, mais mes appointements sont suffisants, et il nous était permis de me-

ner une existence assez large, en toute sécurité... Le sort en a décidé autrement!... Comment se fait-il que, dans la petite ville que
nous habitons, un peu endormie en son calme
provincial, fort dépourvue de ressources in-
tellectuelles, ma fille, qui y est née, ait pris
le goût irrésistible du théâtre?... D'abord, je
croyais à un caprice, à une fantaisie d'enfant...
Qu'elle passât son temps à déclamer, toute
seule, ou devant un petit cercle d'amis, je ne
voyais là qu'une distraction inoffensive... Je
me trompais, monsieur... Dans notre nid de
bourgeois, très bourgeoisants, nous couvions
une artiste, ou, du moins, une aspirante artiste... Vous imaginez notre étonnement quand,
sur ses dix-huit ans, elle nous déclara qu'elle
voulait être actrice, et qu'elle ne serait qu'actrice. Ma femme et moi, nous avions, vous le
pensez bien, formé de tout autres projets pour
elle. J'avais déjà entrevu comme gendre un
employé de mon administration, un garçon
plein d'avenir. Ah bien! oui. Tout le monde
s'appliqua à la guérir de sa folie, mais vai-
nement...

Et cela était dit d'un ton attestant une si
véritable affliction que j'écoutais avec quelque
attention.

— Enfin, monsieur, reprit le fonctionnaire,
jugez de notre situation... Notre aimable inté-
rieur n'existe plus... Ma femme a dû suivre notre malheureuse enfant. Là-bas, nous étions

presque riches; mes ressources ne suffisent plus à deux installations, à toutes les dépenses de professeurs...

— En somme, cher monsieur, vous me demandez?...

— Ma fille ne pense qu'à vous être présentée, et elle n'a eu de cesse que nous ayons trouvé une recommandation auprès de vous... Je vous prie de l'entendre... et, mon Dieu! excusez la liberté que je prends, de la décourager, de lui faire comprendre qu'elle s'embarque dans une voie périlleuse... enfin, de lui dire, avec votre autorité, ce que nous lui répétons inutilement, que la carrière dramatique ne lui convient pas... Vous rendriez le repos à toute une famille, qui vous serait éternellement reconnaissante...

— Diable! dis-je, en souriant, nous aurons du mal.

Un jour fut pris pour l'audition. Le père amena sa fille, non sans quelque solennité. C'était une jeune personne assez insignifiante d'aspect, ayant gardé, de sa petite ville, un accent traînant un peu prononcé. Au demeurant, de beaux yeux, dans lesquels on pouvait, si on y tenait, trouver de la flamme...

Le fonctionnaire demanda à assister à l'audition. La traversée des coulisses lui causa une émotion profonde, et, étant descendu par le petit escalier mobile dans la salle vide et

obscure, dont les fauteuils étaient recouverts
de grandes toiles grises, ce fut, très intimidé,
d'abord, qu'il s'assit dans un coin. Il n'avait
jamais pénétré dans un théâtre, hors du moment des représentations.

Quand sa fille parut, faisant son entrée dans
une attitude tragique, avec l'artiste qui lui
donnait complaisamment la réplique, je re-
marquai, m'amusant à l'observer du coin de
l'œil, sa subite agitation. Pour la première
fois, il apercevait, sur les planches, celle dont
il avait voulu enrayer la vocation, et, dans ce
milieu, elle lui semblait, bien qu'il ne s'agît
que d'une épreuve, entourée d'un prestige nouveau. Il la contemplait comme s'il la décou-
vrît, et il la buvait des regards, dans un grand
trouble.

Elle passait l'audition dans Hermione.
Quand elle arriva aux vers :

Seigneur, dans cet aveu dépouillé d'artifice
J'aime à voir que du moins vous me rendez justice...

il frémit, s'enthousiasma; une fierté se peignit
sur son visage; il répétait, en même temps
qu'elle, la tirade déclamée; il s'extasiait, il
était brusquement conquis. Un moment, elle
s'embarrassa légèrement, et il eut alors de
grosses gouttes de sueur sur le front... Puis
elle reprit avec aisance, et il eut une expression de ravissement.

Quand ce fut fini — et la scène avait été

dite, en somme, d'une façon assez médiocre — il s'approcha de moi. Il avait oublié ses confidences, l'aveu de ses inquiétudes d'homme d'ordre et de régularité, ses objurgations pour qu'on décidât l'enfant prodigue à rentrer dans le calme foyer familial; il était pris jusqu'aux moelles, lui aussi; il admettait toutes les luttes, tous les sacrifices, et il dit avec une conviction ardente :

— N'est-ce pas, monsieur, qu'elle a été admirable?...

XIX

SARDOU

ET LE JURY DU CONSERVATOIRE

J'avais vu Sardou, merveilleusement juste,
ingénieux, avisé, refondant la mise en scène
de la *Colinette,* de Lenôtre. Il fut, un moment,
question de l'éventualité d'une pièce de lui, à
l'Odéon. Mais, auparavant, il voulut entendre
une comédienne, intéressante, en effet, douée
d'une vive sensibilité et à laquelle il n'avait
peut-être manqué jusqu'alors que l'occasion
d'attester toutes ses qualités. Il fut convenu
que Sardou l'écouterait dans le plus grand secret. Secret difficile à garder, car quelle raison y avait-il pour qu'une artiste, apparte-
nant déjà au théâtre, y ayant joué plusieurs
rôles, donnât une audition? Mais Sardou avait
imaginé tout un petit roman, d'ailleurs fort
peu vraisemblable, pour expliquer cette audition, censément devant un impresario étranger, qui ne voulait pas d'abord être connu. Il

y assisterait, dans la salle presque obscure, du fond d'une loge. Il y avait aussi peu d'apparence que l'arrivée de l'auteur dramatique, dont le visage était si répandu, passât inaperçue, dans les couloirs, mais il était persuadé qu'il s'était entouré de mystère. Je ne devais même pas, pendant qu'il écouterait l'actrice, être auprès de lui, mais assis à un fauteuil d'orchestre. Le cou enveloppé de son légendaire foulard blanc, il gagna donc une baignoire, d'où il pensait être invisible. La scène qui avait été choisie commença. Soudain, une voix, dont on pouvait facilement se rappeler le timbre, retentit :

— Mais c'est bien, ça !

C'est ainsi que Sardou conservait l'incognito.

Je l'accompagnais une fois, avec G. Lenôtre, dans une de ces promenades qu'il aimait faire à travers les vieux quartiers de Paris, passionné d'histoire exacte bien que, dans ses pièces, il la pliât à son gré. Il se plaisait à ne rien ignorer du passé de la grande ville. Il en était féru, en effet, mais, au besoin, il donnait, d'un ton tranchant, des détails si précis, qu'il ne souffrait pas qu'on les mît en doute. Il avait voulu voir une cave, avec d'anciens piliers, dans une maison voisine du Panthéon, puis, non sans effarer un peu le concierge, il avait pénétré dans la cour d'un couvent de la rue Rollin pour y reconstituer,

dans son décor, une scène de la Révolution;
il s'était fait impérieusement ouvrir la porte
d'un hôtel délabré qui gardait une belle façade. Il s'avisa tout à coup d'aller revoir l'institution qu'avait jadis dirigée son père, rue de
la Vieille-Estrapade. Il se nomma, fit prévenir le chef actuel de l'institution, qui arriva,
un peu ému de cette visite. Sardou lui expli-
qua, sans lui donner même le temps de parler,
la disposition des locaux, telle qu'elle était
de son temps. Il se fâcha un peu parce que
des arbres avaient été abattus dans la cour,
dont on avait ainsi modifié l'aspect, et il se
mit à évoquer la vie scolaire de son adoles-
cence.

Puis il désira revoir sa chambre, la chambre qu'il occupait autrefois, et, sans attendre
qu'on le conduisît, il monta l'escalier sans aucune hésitation. Tant qu'il se fut écoulé d'années depuis cette époque, c'était lui qui semblait guider le maître de la maison, s'arrêtant
à toutes les particularités, et il alla droit à une
pièce où il s'introduisit, non sans quelque surprise de la part des trois élèves qui s'y trouvaient alors réunis, l'un d'eux mollement
étendu sur le lit, en grillant des cigarettes.

Un peu confus de ce désordre, ils reconnu-
rent Sardou qui leur parla, les questionnant
sans attendre leur réponse, les éblouissant de
souvenirs, tout en cherchant dans cette chambre, avec sa mémoire merveilleuse, ce qui y

était resté intact. Un moment, il fronça les sourcils : il ne retrouvait plus sur la cheminée une inscription gravée par lui au canif. De quel droit l'avait-on effacée? Mais non, elle était toujours là, et il dit dans quelles circonstances il l'avait tracée, un jour qu'il prenait une grave résolution. Il voulut explorer toute la maison, n'imaginant pas qu'il pût déranger personne. Le pauvre chef d'institution essayait de courir devant lui, pour s'assurer, comme pour une inspection, que tout fût en état, mais Sardou le rattrapait vite, et l'entreprenait sur mille détails. Les aspirants bacheliers, amusés, ne se plaignaient plus, au spectacle de cette débordante vitalité, d'avoir été troublés dans leur sieste.

Au déjeuner qui, par une tradition disparue, réunissait les membres du jury dramatique du Conservatoire, Sardou était intarissable en anecdotes. Je me rappelle que, un jour qu'on parlait du Premier Empire, il affirma, — lui qui avait connu tous les survivants intéressants à « feuilleter » de temps lointains, et dansé, tout enfant, avec la veuve d'un conventionnel régicide — avoir tenu, dans sa jeunesse, d'un vieillard ayant occupé quelque charge aux Tuileries, ce trait de folie d'orgueil de Napoléon, à l'apogée de sa puissance.

Le cercle de la famille impériale était réuni pour un dîner : par un extraordinaire hasard, le maître d'hôtel Dunan était en retard.

— Roi de Westphalie, commanda Napoléon, allez savoir pourquoi l'on ne sert pas. Jérôme revient au bout d'un instant : le dîner n'est pas encore prêt.

— Roi de Naples, reprend l'empereur, informez-vous...

Murat rentre. Le temps passe.

— Roi de Hollande...

Et ainsi de suite Ce sont les souverains créés par lui, interpellés par leur titre, que Napoléon emploie pour cet office de page.

Et cette historiette, mise en scène par Sardou, comme si elle devait être jouée. Il était prudent, d'ailleurs, de n'en pas discuter l'authenticité.

De ce jury du Conservatoire, présidé alors par M. Dubois, faisaient partie, quand mes fonctions m'y faisaient siéger, Halévy, causeur charmant, mais qui, soucieux de précautions, ménageait sa voix; Jules Claretie, abondant en souvenirs; Hervieu, le sourire un peu froid, ne parlant que pour dire en mots ramassés ce qu'il avait à dire; Maurice Donnay, aimable et de bonne humeur; Georges de Porto-Riche, entretenant ses voisins de sujets qui lui étaient chers; le gros Bernheim, tenant de la place; Jules Barbier, qui s'endormait et parfois se laissait choir de son fauteuil; Mounet-Sully, s'intéressant aux concurrents, les jugeant parfois d'une façon qui différait de l'opinion de ses collègues.

Un jour que je me trouvais à côté de lui, il me conta un rêve qu'il lui arrivait de faire quelquefois. Dans ce rêve, il se présentait au contrôle de la Comédie.

— Mais, lui disait le contrôleur, ce n'est pas par ici que vous avez accoutumé d'entrer au théâtre. — Oui ou non, disait Mounet-Sully, ai-je mes entrées? — Sans doute.

Il se faisait donner une place et s'installait dans un fauteuil. Il n'était plus qu'un spectateur. Le programme, cependant, portait son nom. Mounet-Sully attendait alors l'entrée en scène de son sosie. A ce moment, se produisait chez lui un dédoublement de sa personnalité. En même temps qu'il assistait à la représentation, il se projetait, en quelque sorte, sur le plateau. Il était à la fois spectateur et auteur. Il se voyait jouer. Et il ne pouvait retenir ses protestations au sujet de quelque inflexion de voix, et, à l'étonnement de ses voisins, il s'écriait :

— Non, non, ce n'est pas moi !

Ce rêve ne disait-il pas son admirable conscience d'artiste, qui cherchait la perfection, et qui, ne se satisfaisant pas des applaudissements, s'estimait toujours loin de l'avoir atteinte ?

Dix années d'Odéon — c'est-à-dire la vie entièrement prise par les responsabilités d'une direction — expliquaient chez moi quelque lassitude, encore que mon privilège, c'est le mot officiel, eût encore une durée de deux ans. Je n'ai pas l'impertinence de me décerner des compliments, mais j'avais conscience d'avoir honorablement rempli mon devoir, et, dans la mesure de mes moyens, servi avec conscience les Lettres et l'art dramatique. On voulut bien reconnaître — surtout quand je fus parti — que je n'avais pas trop mal conduit la Maison qui m'avait été confiée, parfois avec un désintéressement qui ferait bien « dater » ces Souvenirs, si ce temps n'était là pour me rappeler qu'ils évoquent une période lointaine. Je pouvais, sans m'être enrichi, ne pas accepter le mot de Lireux, un de mes prédécesseurs d'autrefois, selon lequel «.la direction de l'Odéon était ce qu'il y avait de plus comique dans les misères humaines ».

Je désirais me retirer, Antoine souhaitait revenir à l'Odéon; nos anciennes querelles étaient bien apaisées et j'étais tout disposé, en lui souhaitant bonne chance, à lui remettre — au figuré — les clefs du théâtre, mais il semble à quelques-uns que l'Odéon soit un royaume dont on peut être exilé, mais dont on ne s'exile pas soi-même — fût-ce en ayant tenu le record de la durée d'une direction. (Ce record, mon ami Paul Abram le dépassera je l'espère.) Ce départ donna lieu à toutes sortes de suppositions, quand la vérité était toute simple. Assurément, la direction d'un théâtre comme celui-ci, où l'activité doit être incessante, où un succès même n'accorde pas le temps de se reposer, puisqu'il y a les spectacles d'alternance à préparer, cette direction est intéressante, passionnante même jusque dans ses risques. Mais, en s'enfermant au théâtre de midi à minuit, il faut renoncer à penser à soi.

Ce fut donc en conservant de bons souvenirs de l'Odéon, et, Dieu merci, en gardant les amitiés que j'y avais nouées que je revins, d'une façon régulière, à la presse, que je n'avais, d'ailleurs, jamais abandonnée, et à la reprise de travaux de longue haleine.

C'était aussi, sous une autre forme, du théâtre. Je retrouvais, aux jours fixés, pour nos réunions, mes amis de la Société de l'histoire du Théâtre, fondée en 1902. Elle s'était composée originairement de vingt et un membres titulaires et Sardou en avait été le premier président. Les vice-présidents, au début, étaient Edouard Detaille et Henri Lavedan. Parmi les membres (hélas, que de disparus!) Adolphe Brisson, Georges Cain, Georges Monval, Maurice Faure, Ch. Malherbe, Camille Saint-Saëns, A. Soubies; mais Albert Carré, Henri de Curzon, Rondel, Georges Montagueil, Funck Brentano, Jean d'Estournelles, de Constant, G. Lenôtre restent les témoins de ces réunions où chacun apportait ses trouvailles ou éclaircissait un point obscur d'histoire théâ-

trale. Les autres présidents furent Henry Roujon, Henri Lavedan, Maurice Donnay.

Puis — de l'autre côté de la barricade — la
critique dramatique. Que de soirées passées à
des répétitions générales! De ces soirées, combien furent vraiment perdues! Mais c'est toujours dans un sentiment d'espoir qu'on se
rend au théâtre. Je ne vois pas beaucoup de
mes confrères en critique qui, malgré l'assujet-
tissement auquel ils sont tenus, parlent de leur
lassitude. C'est une des rares professions permettant, après un long exercice, d'y apporter
encore de la passion. Il est si intéressant de
suivre l'évolution dramatique, de voir, parfois, appliquer les idées qu'on a défendues, de
constater l'élargissement des goûts du public.
En ces dernières années, il demande manifes-
tement autre chose que du déjà vu, des pièces
qui, fussent-elles traitées expertement, procè-
dent d'une formule ayant donné tout ce qu'elle
peut donner. Sans doute y a-t-il eu une part
de snobisme dans certains succès, mais des
tendances sont évidentes à saluer un art dramatique ne se bornant pas à développer une
anecdote, et des auteurs sont apparus — au
moins sur les scènes où ne règne pas la déplorable « combinaison » — qui ont déjà fait
vieillir des procédés réputés infaillibles. On
préfère à trop de « métier » l'aventure que
l'on court avec eux. Le théâtre se renouvelle
peu à peu.

Pourquoi ne pas dire qu'il est aidé dans ce renouvellement par une critique compréhensive, vivante, soutenant tout effort qu'elle reconnaît? Je ne vois guère, dans ses rangs, de retardataire. Ce n'est pas Pierre Brisson, volontiers combatif, ayant un haut sentiment de sa mission qui détermine sa franchise; ce n'est pas le subtil Henry Bidou; ce n'est pas G. de Pawlowski, donnant avec un semblant de détachement auquel il ne faut pas se fier, des opinions très assises et, au besoin, courageuses; ni Franc-Nohain, qui enveloppe d'un esprit brillant le sens le plus droit; ni Robert Kemp, intelligence largement ouverte et active; ni Lucien Descaves, exprimant parfois rudement son avis, ami de la vérité en art comme il l'est en toutes choses; ni Edmond Sée, vigoureux défenseur des tentatives périlleuses, pourvu qu'il y ait en elles quelque générosité, ayant prouvé jusqu'à quel point il poussait le souci de son indépendance; ni Antoine, qui a gardé son tempérament combatif; ni Jean Prudhomme, qui sait bien dire des choses en peu de mots; ni Fortunat Strowski, si sûr du maniement d'une langue pleine de moelle qu'il dit courtoisement tout ce qu'il veut dire; ni Emile Mas, avec son tempérament ardent; ni Gabriel Boissy, rappelant le proverbe : qui aime bien châtie bien; ni Etienne Rey, avisé et réfléchi dans ses jugements; ni Paul Reboux, mêlant d'humour sa sincérité; ni le loyal Paul

Lombard, ni le narquois Pierre Veber, ni Mme Gérard d'Houville, d'une intelligence si ouverte; ni Alfred Mortier, compréhensif comme un poète qu'il est; ni James de Coquet; ni d'autres, qui mènent le bon combat. Et je ne parle que des critiques des journaux quotidiens...

Ils s'exposent à provoquer bien des susceptibilités, ce qui ne modifie pas leur habitude d'exprimer ce qu'ils pensent. Ils ont conscience qu'ils servent véritablement la cause du théâtre, en ne le laissant pas livrer à la seule publicité et à ses superlatifs tarifés. Ils maintiennent une Opinion.

J'arrête ici ces Souvenirs. Les continuerai-je, si j'ai encore quelque temps devant moi, pour parler, à travers des années que devait traverser la grande tragédie de la guerre [1], de toutes les transformations matérielles et morales qui seraient à relever, en une suite de constatations?

Qui a fait complètement ce qu'il eût voulu faire? C'est le cas pour les plus grands. A

---

1. Vue de près, comme un des douze correspondants de guerre militarisés et accrédités aux armées. Je voulais être au moins près de ceux qui luttaient, comme avait lutté mon fils, Pierre Ginisty, tué glorieusement, comme lieutenant au 153e d'infanterie, et dont les restes reposent dans l'immense cimetière français d'Ypres.

plus forte raison, en est-il ainsi pour un simple soldat des Lettres. *Non respondent ultima primis,* ce qui peut se traduire librement en disant qu'une carrière, eût-elle eu ses moments heureux, est loin d'avoir satisfait les ambitions du début.

J'ai eu à batailler. Mais, somme toute, en repassant mon existence, je dois reconnaître que j'ai rencontré plus de bienveillance que de sentiments contraires. Je garde au fond du cœur de la reconnaissance pour tous ceux qui, morts ou vivants, m'ont témoigné une effective sympathie.

Optimisme, pessimisme sont des mots. La vérité est que rien n'est facile et que tout est intéressant.

Malgré la forme plaisante de ce vers parodique :

De bonhomme, ô mon fils, suis ton petit chemin!

il me paraît qu'il contient une philosophie.

Suivre son petit bonhomme de chemin, fidèlement, sans trop se plaindre des ornières, en appréciant les instants où il s'aplanit, espérer à force de monter qu'il fera découvrir de larges horizons, est une manière de sagesse. En un mot, persévérer et s'émouvoir de ce qui est beau. C'est en cherchant ce site qui le dédommagera de ses peines, ne dût-il apparaître que brièvement, par une échappée, que le voyageur oublie ou ne sent pas sa fatigue.

J'ai toujours pensé que la Curiosité était un des grands ressorts de la vie. J'entends ce mot dans son sens le plus haut. Elle enseigne la patience, puisqu'elle donne un but. Elle est tout le contraire de l'égoïsme, en nous mêlant à nos semblables, si on peut employer ce mot, personne ne ressemblant à personne et ceux qui jouent le rôle plus humble, le plus effacé, ont encore leurs complexités. Toute grande idée, toute application utile d'une idée ont été à base de curiosité. Elle est virile, ayant pour sœur l'Ironie. Elle suggère d'inépuisables sujets de réflexions, et, en nous reportant sur nous-mêmes, elle invite à de l'indulgence pour les autres. Par elle, le spectacle du monde est vraiment un spectacle. Le jour où la Curiosité est rassasiée, on est bien près de ne plus exister...

Mais qui ferait l'éloge de la Curiosité, sinon un journaliste, ayant été directeur de théâtre?

FIN

TABLE

ACHEVÉ D'IMPRIMER POUR
LES ÉDITIONS DE FRANCE
PAR L'IMPRIMERIE MODERNE
177, ROUTE DE CHATILLON
A MONTROUGE (SEINE)
LE 20 SEPTEMBRE 1930.

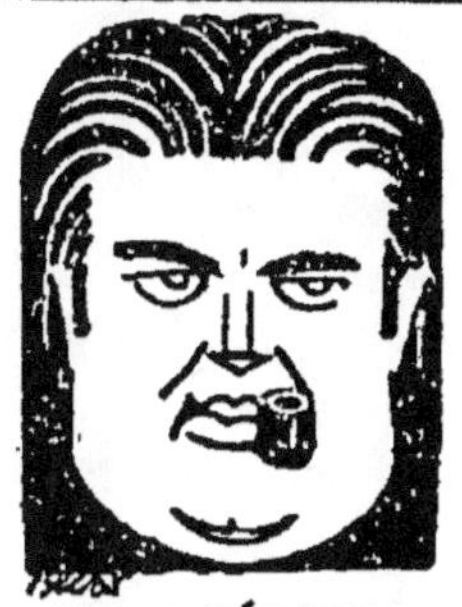

Henri BÉRAUD
Auteur de
Ce que j'ai vu à Rome

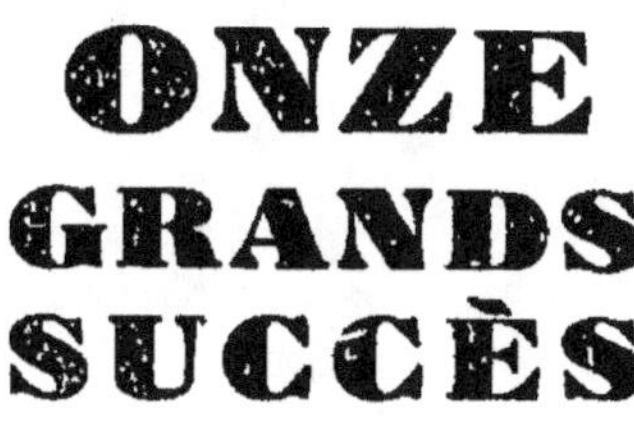

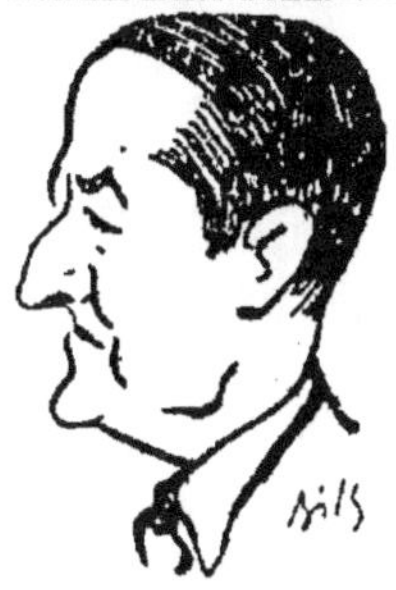

Paul CHACK
Auteur de
Pavillon haut

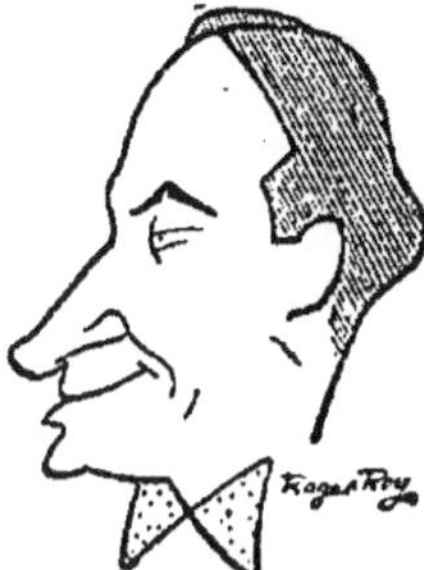

Maurice DEKOBRA
Auteur de
Les Tigres parfumés

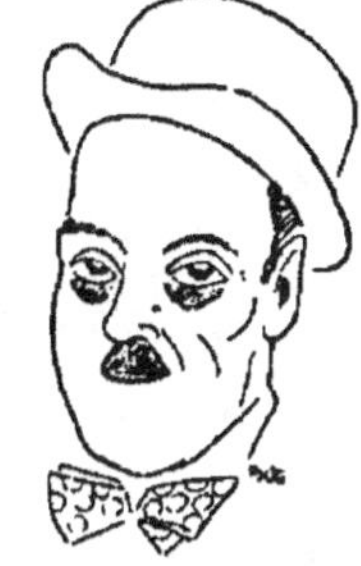

GALTIER-BOISSIÈRE
Auteur de
La Vie de garçon

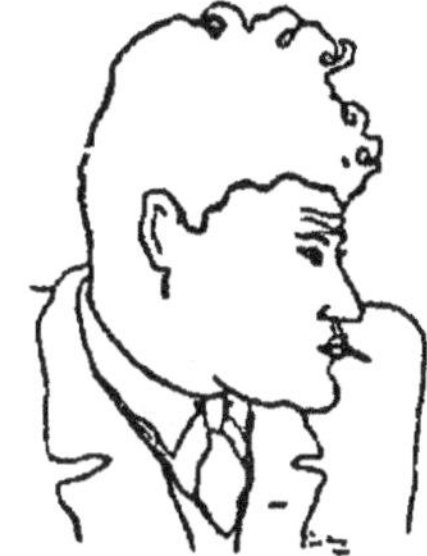

J. KESSEL
Auteur de
Vent de sable

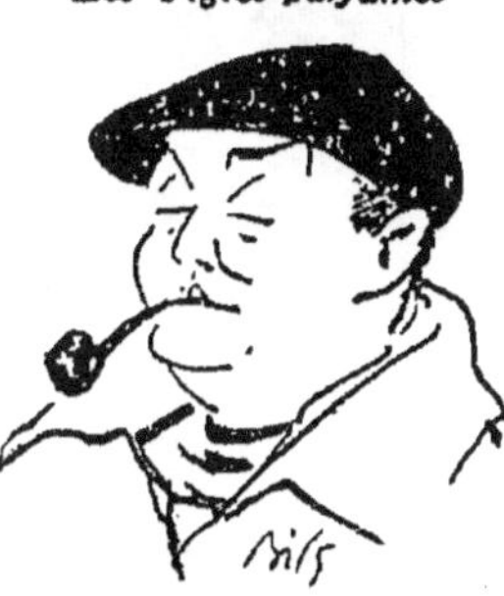

Maurice LARROUY
Auteur de
Le Trident

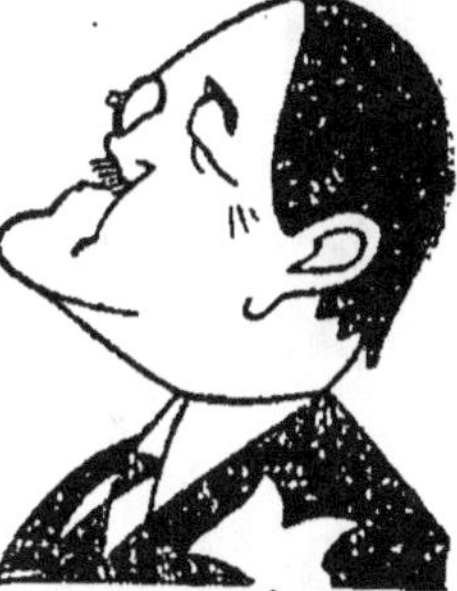

Marcel PRÉVOST
Auteur de
Voici ton Maître

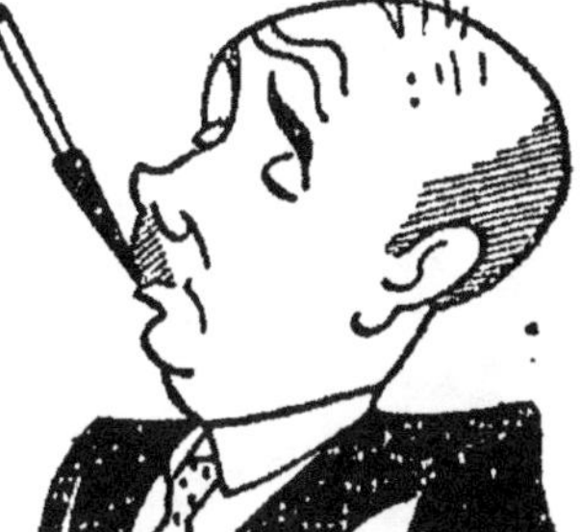

Raymond RECOULY
Auteur de
Mémorial de Foch

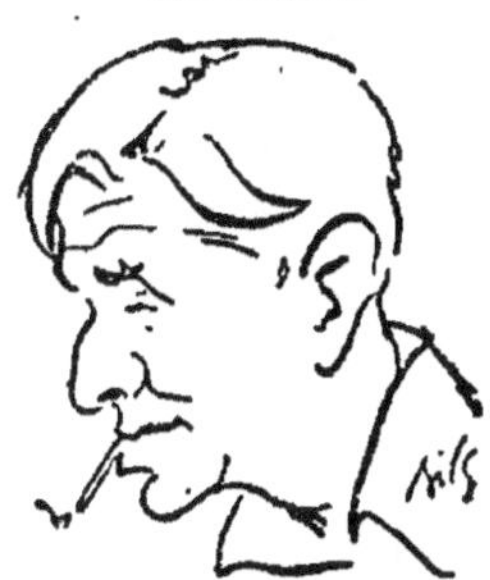

Louis-Charles ROYER
Auteur de
Au pays des hommes nus

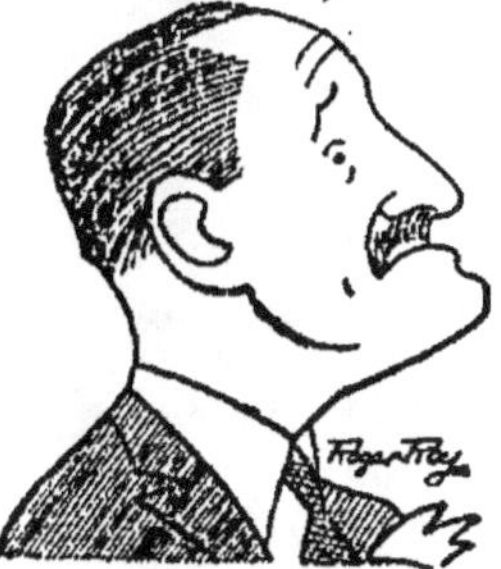

SOMERSET-MAUGHAM
Auteur de
Le Sortilège malais

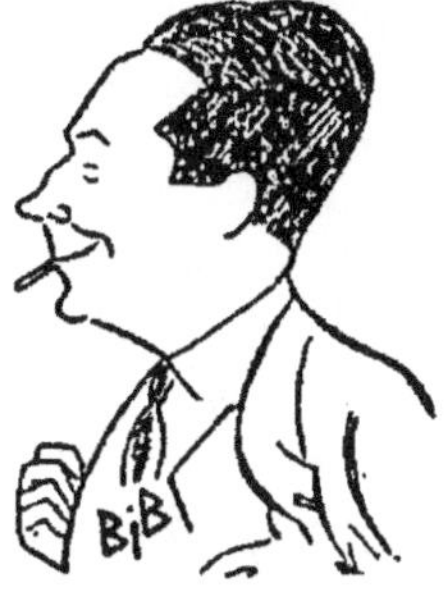

Georges SUAREZ
Auteur de
*La Vie orgueilleuse
de Clemenceau*